LA COLINA QUE CANTA

Para Sara
felicitaciones por el 5º Puesto
logrado en la marathon
Te queremos mucho
Mimi Emilio

Octubre 4 - 2011

MEINDERT DEJONG nació en Wierum, en la provincia holandesa de Friesland, el 4 de marzo de 1906. A los 8 años, su familia se trasladó al estado de Michigan, en los Estados Unidos. Cuando llegó a América, DeJong desconocía absolutamente el inglés y fue su afición a la lectura lo que le proporcionó el fundamento para dominar la nueva lengua. En Grand Rapids, donde en la actualidad vive, ayudado por sus hermanos, fundó el periódico «The young Calvinist».

En plena deflacción económica, desempeñó todo tipo de actividades: trabajó como profesor en un colegio, en una fábrica de conservas, fue enterrador, ayudó a su padre en la granja, crió aves...

En sus obras trata de establecer una relación amistosa entre los animales y los hombres. Tiene la medalla Newbery, y en 1962 fue galardonado con el premio Hans Christian Andersen.

Otras obras publicadas en esta colección: *...y entonces llegó un perro* (89); *Una rueda en la escuela, Una gata casi blanca* (75).

MAURICE SENDAK nació en Nueva York (Estados Unidos de América), en 1928. Sus padres eran unos emigrantes polacos de origen hebreo. Desde muy pequeño le gustaba escribir e ilustrar cuentos. Estudió Bellas Artes. Ha conseguido realizar su sueño infantil; ser uno de los ilustradores más cotizados en el mundo. En 1970 obtuvo el Premio Andersen en su categoría de Ilustración.

A Meindert DeJong le ha ilustrado también *Una rueda en la escuela, ...y entonces llegó un perro,* publicados en esta misma colección.

Meindert DeJong
Premio Andersen, 1962

LA COLINA QUE CANTA

Traducción de María Oyarzun Ibarra

Ilustraciones de Maurice Sendak

MUNDO MÁGICO

EDITORIAL NOGUER, S.A.
Barcelona-Madrid

Título original
The singing hill

Paseo de Gracia, 96, Barcelona

ISBN: 84-279-3434-3

DEJONG, Meindert
La colina que canta

RESUMEN: Ray es el pequeño de la familia. No va al colegio todavía. Vagabundea por el campo y un día descubre a un caballo que cree tan solitario como él.
[1. Novela de aventuras 2. Novela de animales]

Primera edición: septiembre 1990

Traducción de María Oyarzun Ibarra
Printed in Spain - Impreso en España
Gráficas Ródano, S.A., Viladecans
Depósito legal: B- 7175 -1990

A MAURICE SENDAK,
que ilustra mis escritos,
ya que formamos un buen tándem

Tú, Raimundo

Ray vivía en el campo. Todavía no iba a la escuela. Su verdadero nombre era, naturalmente, Raimundo; ése fue el que le pusieron al bautizarle. El sacerdote derramó el agua bendita sobre su cabeza, al tiempo que decía: «Yo te bautizo, Raimundo».

Pero su hermano mayor, Martín, le llamaba siempre Rim.

—¿Por qué me llamas Rim? -preguntó un día Ray a Martín.

Martín contestó riéndose:

—¡Ah! Te llamo como a la rueda de mi bicicleta[1].

Imaginaos la cosa. Cuando Ray no era más que un bebé recién nacido, Martín tenía ya la edad suficiente para estar en la iglesia contemplando cómo bautizaban a su hermanito.Sí, Martín estaba presente cuando el sacerdote dejaba caer el agua bendita por la pelona cabeza de Ray, mientras pronunciaba las palabras sacramentales: «Yo te bautizo, Raimundo».

Tan mayor era Martín. Sin embargo, dijo:

—Era yo entonces tan pequeño que no sabía lo que era el bautismo y me enfurecí cuando vi que el sacerdotc te mojaba la cabeza. Empecé a llamarte Rim porque no sabía decir Raimundo; fíjate tú si era yo pequeño, que no sabía hablar como ahora.

[1] Rim: Aro o cerco de una rueda. Juego de palabras (N. de la T.).

Bien. Eso era mejor que llevar el mismo nombre que una rueda de bicicleta. Martín había inventado lo de la rueda, que no tenía maldita la gracia, aunque él pensara que sí.

Pero valía más, claro que sí, que le llamaran a uno Rim que no Raimie, como le decía Shirley. Shirley era mayor que Martín.«Las hermanas son ridículas», afirmaba Martín.

Raimie era un nombre ridículo; le empequeñecía a uno. Le hacía verse tan chico...,y, sobre todo, ponía de relieve que uno no iba todavía a la escuela.

En efecto, él no iba aún a la escuela. También su madre le llamaba Raimie, mas no le molestaba que ella le llamara así. Parecía lo natural. A pesar de ello, el chico repetía: «Mi nombre es Ray».

Y su madre respondía: «Sí, Raimie, Ray, ya lo sé. Pero me gusta llamarte Raimie. Es más cariñoso y simpático para un niño».

—Papá me llama Ray -insistía el chico-. Cuando empiece a ir a la escuela, ¿me llamarás Ray?

—¡Oh, sí! -prometió su madre-, si eso te gusta más.

Claro que Ray le gustaba más. Era más corto que Raimie, pero resultaba más importante; hasta parecía más largo. Y papá siempre le llamaba Ray. Lo malo era que su padre estaba poco en casa; tan sólo los sábados y los domingos.

¡Qué estupendo era vivir en el campo! Se habían trasladado desde la ciudad hacía solamente dos semanas. Nunca, hasta ahora, había vivido Ray en el campo. Tampoco su madre, ni Shirley, ni Martín. El único su padre, en otro estado lejano, siendo un chiquillo. De eso hacía muchísimo tiempo.

Madre decía que la única ventaja de vivir en el campo era que así Raimie se quedaría a su lado durante un año más. Si hubieran permanecido en la ciudad, Ray habría tenido que ir ya a la escuela, pero aquí no iría hasta el año siguiente, y esto a ella le parecía maravilloso.

Lo malo era que a su madre no le gustaba el campo; le daba miedo. Creía que la hierba estaba llena de insectos; y que toda clase de bichos -hasta serpientes- rebullían en ella.

El padre procuraba tranquilizarla y le prometía que, en torno a la casa, la hierba estaría siempre rapada. Por su parte, él se alegraba de volver a vivir en el campo.

Naturalmente que no había serpientes en la hierba, y era estupendo vivir aquí, en una casa tan grande.

La casa -opinaba la madre- era demasiado grande, una granja vieja y destartalada, con tres pisos incluyendo el desván. Tenía demasiadas ventanas altas y estrechas y le daba mucho trabajo limpiarlas.

Según Shirley, ni siquiera era una granja -al menos por ahora-, pues las granjas de verdad tienen un cobertizo y la casa no tenía más que una vieja cuadra-garaje.

Martín discutía con Shirley que, en efecto, era un garaje ahora, pero que en otro tiempo fue un establo. En un extremo del garaje quedaba aún sitio para un caballo. Así, pues, la casa era una auténtica granja.

Shirley pensaba que Martín argumentaba como un chiquillo necio.

—¿Qué importa que haya sitio para un caballo en el garaje? ¿Tenemos acaso el caballo? No, y de todos modos, padre utiliza el establo como almacén para sus cajas y muestras.

Martín no supo qué contestar y Shirley pensó que había triunfado en la disputa.

Pasaron cuatro días antes que Ray pudiese preguntar a su padre si la casa era una granja. Fue un sábado; padre estaba sentado en una de las cajas del establo y Ray le imitó.

—Considéralo así, Ray -dijo papá-, sí y no. Es una granja, pero una granja sin corral, sin establos y sin animales domésticos.

Sin embargo, todo lo que hay en torno a la casa, excepto el césped que debo cortar, es como en las granjas. No es nuestra, y más vale así, pues yo no soy granjero, sino vendedor. Esta granja y todas las de los contornos pertenecen al mismo hombre. Las compró para cultivar maíz. Pero eso, todo lo que la vista alcanza en torno a nuestra casa es un extenso maizal que casi parece un inmenso mar verde. Pero el hombre que compró las granjas no podía utilizarlas todas. Un hombre no puede vivir en muchas casas al mismo tiempo. Le bastaba con una, de modo que vendió todas las restantes y yo compré ésta. Así que ahora tenemos una casa en el campo. ¿Te gusta el campo, Ray?

—¡Ah, sí! -respondió Ray-. Sí que me gusta. Y no hay serpientes en la hierba, ¿verdad, padre? El campo no está lleno de insectos y bichos que se arrastran.

Padre resopló.

—Tu madre imagina cosas raras porque no conoce el campo. Cuando se desconoce algo, uno piensa montones de cosas. Claro está que hay ratas y ratones, pero también los hay en la ciudad. Hay ardillas y geomís[2], animales simpáticos y veloces. También hay mofetas, que son lentas y no se meten con nadie. Si tú te ocupas de lo tuyo y las dejas tranquilas, no te molestarán. Pero me alegro, Ray, de que me hayas hablado de esas culebras en la hierba. Aquí estoy, sentado, y tenía que haberla rapado para ahuyentar todas esas serpientes que tu madre imagina. Y no te preocupes, Ray, dentro de poco tiempo ella se acostumbrará al campo y le gustará.

Padre se levantó de un salto para cortar la hierba, y entonces le preguntó Ray:

[2] Geomís: Roedor americano que construye madrigueras subterráneas como las del topo (N. de la T.).

—Tan sólo tú y yo hemos vivido en el campo de pequeños, cuando aún no íbamos a la escuela, ¿verdad, padre?

—Así es -contestó su padre levantando la voz para dominar el ruido de la máquina de segar que estaba sacando del garaje-. Así es, Ray. De manera que tú y yo somos los únicos de la familia que hemos nacido casi granjeros.

Entonces Ray se levantó y se precipitó fuera del garaje para correr de arriba abajo, de un lado a otro, siguiendo a su padre, que cortaba la hierba con la máquina. Era sábado, su padre estaba en casa y la casa en el campo. No había serpientes entre la hierba y todo era maravilloso.

Escalpar y el esqueleto

Martín y Shirley debían ir inmediatamente a la nueva escuela rural. Se habían trasladado al campo un sábado y al lunes siguiente comenzaban las clases. La primera semana su madre los llevó en el coche. Ray iba con ellos. Después del primer día no había muchas cosas nuevas que ver desde el camino de la casa, ni desde el cruce, ni siquiera desde la carretera. Sólo maíz.

Claro es que entre el maíz había algunas casas y cobertizos. En el ángulo que formaban el camino y la carretera había un campo con ovejas, más allá otro con vacas, pero aparte de esto, todo lo demás era una enorme extensión de maíz. Martín decía que entre el camino y la carretera que conducía a la escuela había una milla de distancia. «De modo que el campo de maíz tiene una milla de anchura. No sé qué largura tendrá, pero no se ve más que maíz. Sólo maíz. Pronto nos saldrá hasta de las orejas».

Shirley rió.

—Hojas de maíz saliendo de nuestras orejas. Hojas de orejas.

Y reía de nuevo, tontamente.

La madre no encontró la cosa tan divertida.

—¿Vas a seguir con esa risita todo el camino, hasta llegar a la escuela? No es para tanto.

—¿Por qué ha de ser siempre Martín el que haga chistes graciosos?- dijo Shirley; y apretó los labios, dispuesta a no pronunciar otra palabra hasta que llegasen a la escuela. Pero nadie le hizo caso.

Martín hablaba con mamá del arroyo que corría paralelo a la carretera. Señaló hacia el lugar en que casi desaparecía tras los árboles y arbustos, detrás de una casita blanca oculta entre los árboles. La casa era muy vieja, como también lo era el matrimonio que allí vivía. Martín suponía que la anciana no podía andar, porque estaba siempre sentada en una mecedora, junto a la ventana.

Detrás de la casa había un viejo cobertizo, derrumbado sobre el arroyo. Madre lo miró.

—No hay nada tan lamentable como un cobertizo derruido. Parece como si hubiera lanzado un gran suspiro y se hubiese tumbado a descansar.

Martín observó que ahora el cobertizo servía a los viejos de puente para cruzar el arroyo. Y añadió:

—Qué divertido sería ver las barcas por debajo. Pasarían como un tren por un túnel. Correrían por el arroyo hasta la escuela.

Shirley olvidó que no pensaba hablar. Dijo, en tono enfurruñado, que la escuela no valía gran cosa, aunque el arroyo corriera junto a ella, puesto que sólo tenía dos clases. Y a pesar de que Martín era menor que ella, tenían que compartir ambos una misma sala.

—Y eso no me gusta -añadió.

Martín susurró al oído de Ray que a él tampoco le gustaba.

—Las niñas siempre van con cuentos, y estando en la misma clase que Shirley no podré hacer nada. ¡Vaya juerga!

El tercer día, cuando Ray volvía con mamá de dejar a sus hermanos en la escuela, el viejo que vivía en la casa blanca estaba en el cercado, junto al cobertizo derruido.Ray agitó la mano, gritando:

—¡Hola, abuelo!

El viejo le miró sorprendido y no respondió, pero la mujer, sentada dentro, en la mecedora, le devolvió el saludo.La madre de Ray también se sorprendió. Luego dijo:

—Has hecho bien, Raimie. Hay que ser amable con los viejos.

No explicó por qué, pero desde entonces todos los días Ray saludaba y gritaba: «¡Hola!»

El último día de aquella primera semana vieron al viejo de nuevo. Ray saludó: «¡Hola, abuelo!» El viejo, que estaba junto al arroyo, mirando al cobertizo caído, no levantó la vista. La anciana, en cambio, desde la mecedora, vio a Ray, sonrió y le respondió. El chico pensaba en el cobertizo caído; era una pena.

A partir de entonces, mamá ya no llevó a Shirley y a Martín a la escuela. Los dos querían ir andando, pues sus compañeros les habían enseñado un atajo que cruzaba el maizal siguiendo el curso del arroyo. A Martín ahora le resultaba divertido ir a la escuela, porque, tanto a la ida como a la vuelta, Shirley y él jugaban entre el maíz.

Según Shirley, el maíz era tan alto que la cubría hasta la cabeza y sólo podía ver el cielo. Las hileras de maíz se sucedían sin fin, tanto que era muy fácil perderse entre ellas. Uno podía morirse de hambre y al cabo del tiempo se encontraría su esqueleto.

—Podías comer el maíz, en lugar de dejarte morir de hambre -sugirió Martín-. ¿Por qué asustas a Ray?

—¡Bah! -contestó Shirley, y se marchó dándose importancia.

Entonces Martín dijo a Ray que no había por qué tener miedo al maizal.

—Shirley se mete miedo ella sola. Inventa cosas de miedo y luego se las cree.

Martín estaba enfadado con Shirley. ¡Era tan divertido correr entre las cañas de maíz! Contó a Ray que jugaban a los indios entre el maíz. Dejaba que Shirley se le adelantase, seguía su ras-

tro, la alcanzaba y la escalpaba de mentirijillas con su *tomahawk*[3] de madera.

—¿Qué es escalpar? -preguntó Ray.

—Vamos, Rim, ¿no sabes nada? Escalpar quiere decir arrancar el pelo juntamente con casi toda la piel de la cabeza. Claro está que no se lo arranco de verdad a Shirley; finjo hacerlo con un *tomahawk* de madera que me he fabricado yo mismo. Pero a Shirley le parece tan real, que chilla y chilla y se muere de miedo.

Ignoraban que Shirley estaba en el garaje, al otro lado del pesebre del caballo, y les estaba oyendo.

—No es cierto, míster Garroway -dijo, golpeando el suelo con el pie-. ¡Qué historias le cuentas a tu hermano pequeño! Ade-

[3] Tomahawk: Voz de origen algonquino. Hacha de guerra de los indios norteamericanos. (N. de la T.).

más no juegas limpio. Nunca me llega el turno de escalparte yo a ti. Siempre eres tú el indio con el *tomahawk*.

Martín afirmó que sí jugaba limpio.

—Escucha, Rim. ¿Acaso es culpa mía no tener el pelo largo? Es necesario poder agarrar el pelo a la persona a la que has de escalpar, y yo lo llevo cortado al rape.

Aunque era sábado, padre no había venido a casa. Shirley y Martín no tenían nada que hacer. Llovía. Por eso charlaban en el garaje. Hablaban también con Ray; al menos lo aparentaban. Pero el chico tenía la impresión de que no hacían sino discutir entre ellos.

En su fuero interno, Ray estaba de parte de Shirley en la cuestión del juego de indios. La cabeza le cosquilleaba ante la idea de que le pudieran arrancar el cuero cabelludo. Se alegraba de que la última vez que estuvo en la peluquería, antes de trasladarse al campo, su padre le hiciera cortar el pelo al rape.A su madre no le había gustado nada; a él tampoco, la verdad, pero ahora se alegraba pensando en el futuro. El próximo año, cuando comenzara a ir a la escuela, Martín no podría seguirle, agarrarle del pelo y escalparle. Entonces ellos dos escalparían a Shirley.

Seguía lloviendo. La madre, atareada dentro de la casa, no sabía que los chicos estaban en el garaje, junto al establo.

Shirley dijo que era mucho más divertido jugar a la caza de la liebre que a los indios. Si uno era el perro, tenía que coger a la liebre; pero no se veía obligado a desollarla. Además, en este juego, podían turnarse para ser la liebre o el perro. No le tocaba siempre a ella, como en el otro, dejarse arrancar el cuero cabelludo.

—¡Ah! -exclamó Ray, y se alegró por Shirley, pues tampoco a él le hubiera gustado que siempre le escalpasen. El juego del perro y la liebre parecía divertido. Shirley decía que no era necesario andar siempre entre el maíz, como en el de los indios. La liebre y el perro corrían por campos y colinas, entre los maizales, por detrás de la casa de los viejos y a lo largo del arroyo. Los muchachos imitaban a la liebre y al perro.

—Sí, es realmente un buen juego -admitió Martín.

Según Shirley, el jugar al cazador y la liebre era casi lo mismo que hacer historia. Uno era como un colonizador. Marcaba las pistas igual que los pioneros de los primeros tiempos de la colonización, para hallar el camino de vuelta a sus poblados a través de los inmensos bosques.

Shirley, que estudiaba historia en la escuela, dijo que en su libro se contaba todo eso. Martín, que no la estudiaba, no tenía más remedio que dejar hablar a su hermana.

—¿Qué es marcar? -preguntó Ray.

Entonces Shirley se irguió, muy tiesa, en la caja donde estaba sentada, adoptando el aire de una maestra.

— En cierto modo, Raimie, marcar es como escalpar, sólo que se hace en la corteza de los árboles, no en cabezas humanas. Para marcar se corta un trozo de corteza del tronco de un árbol. Así, cuando el colonizador volvía a su establecimiento, a través de los densos y sombríos bosques, no tenía más que seguir las marcas que había hecho en los árboles.

Martín interrumpió a su hermana.

—¿Sabes, Rim? Los colonizadores usaban hachas, y los indios, *tomahawks;* pero hay poca diferencia.

Martín quería demostrar que también él sabía cosas, pero la que realmente sabía era Shirley; era mayor y pensaba ser maestra. Según ella, las maestras debían saberlo todo.

A través del ruido que hacía la lluvia cayendo sobre el tejado, oyeron la voz de su madre que les llamaba: «¡Shirley!, ¡Maar-tín!»

Los dos mayores corrieron hacia la puerta del garaje; Ray les siguió, más despacio, puesto que a él no le habían llamado.

—Aquí estamos -contestó Shirley gritando también-.En el garaje.

—¡Ah! -respondió su madre-. ¿También Raimie? Me preocupaba pensar que pudiera estar jugando en el maizal, con esta lluvia. Nunca vayas solo allí, hijo.

—No, madre -se oyó la voz de Ray detrás de Martín y Shirley. Y, realmente, pensaba cumplir lo que decía. No quería que le encontraran convertido en un esqueleto.

Ray y Martín tuvieron suerte. Su madre sólo buscaba a Shirley, que no había hecho su cama.

—¡Ah! -dijo Martín-. Luego dicen que las chicas son tan ordenadas. En cambio, yo tengo la mía hecha.

—No me gustaría que me encontraran convertido en esqueleto -expuso Ray a Martín mientras contemplaban cómo caía la lluvia en el maizal.

Martín contestó:

—Shirley es una exagerada. No puedes perderte. Hay muchos caminos y senderos que atraviesan el maizal. ¿Comprendes, Rim? Pasan por ellos los tractores y los camiones. De otro modo no se podría entrar en el campo. Así que, aunque vayas entre los maíces más altos, no tienes más que seguir los surcos hasta llegar a una senda. Caminas sendero abajo hasta llegar a la carretera y en seguida estás en casa.

Tal como lo decía Martín, parecía muy sencillo.

—Mira -dijo Martín-. Fíjate en ese manzano partido que hay a un lado de la carretera, junto a nuestro cercado. Justamente pasado ese manzano, hay una vereda que cruza el maizal; es la mejor de todas, pues hasta tiene vallas. Al pie de uno de los postes de la valla hay una madriguera de mofeta. Shirley y yo la llenamos de tallos de maíz y todas las mañanas, al ir a la escuela, agitamos los tallos y gritamos como locos por el agujero para irritar a la mofeta,que es un animal lento y no puede alcanzarte.Pero, chico, debías haber visto a Shirley. Después de gritar por el agujero empieza a chillar y va dando chillidos por todo el sendero.¡Y va temblando!

—¿Le mordería la mofeta si la alcanzara? -preguntó Ray.

—No, Rim, no -respondió Martín, irritado-. Las mofetas despiden un olor insoportable y lo esparcen a su alrededor con la cola. Uno casi se ahoga. No puedes acercarte a la gente durante semanas; han de quemar tu ropa y tienes que bañarte en vinagre, pues de otro modo ni tu propia madre te podría soportar.

Ray no lo creyó. A veces, cuando Shirley no estaba cerca para contradecirle, Martín se daba mucha importancia. Ray pensó que no podía uno bañarse en vinagre, pues se quedaría sin piel.

De pronto, Shirley apareció en la puerta de atrás gritando:

—Martín, tienes que entrar en casa inmediatamente.

—¿Por qué? -respondió Martín-. Hice mi cama temprano.

—Sí, pero no recogiste tu ropa; yo, sí he arreglado mi cuarto. Raimie, también tú tienes que venir. Lo ha dicho madre.

Martín se enfureció contra Shirley; tanto, que no salió en seguida.

—Apostaría a que me acusó -dijo a Ray-. Tú no eres un acusica, ¿verdad?

—¡Oh, no! -contestó Ray rápidamente. Quería preguntar a Martín si le enseñaría el agujero de la mofeta, pues cuando Martín estaba enfadado con Shirley hacía cosas que no hubiera hecho en estado normal.

Justo en ese momento dijo Martín:

—Rim, quiero enseñarte una cosa.

Volvieron corriendo al establo y Martín enseñó a su hermano dos latas vacías de sardinas y otra ovalada de arenques ahumados que había escondido entre unas cajas de su padre.

—¿Sabes qué es esto? Son los barcos de Shirley y míos, y los vamos a hacer navegar arroyo abajo. Las latas de sardinas son la *Niña* y la *Pinta* y la de arenques ahumados la *Santa María.* Eran las carabelas con que Colón descubrió América. El gran bote de arenques ahumados es la *Santa María,* que era la nave capitana. El lunes, al ir a la escuela, los haremos navegar por el riachuelo y, al terminar la clase, iremos arroyo abajo para ver hasta dónde llegaron sin hundirse. La idea fue mía y yo busqué las latas. ¿Querrás creer lo que hizo la loca de Shirley? No quería jugar con ellas si no las limpiaba antes. No quería barcos que oliesen a aceite y pescado. ¡Qué chicas! Escucha, Rim, no digas nada a Shirley ni a mamá. El arroyo es muy pequeño; se puede atravesar andando. Pero ya sabes cómo es madre. Pensaría que nos íbamos a ahogar.

Ray se olvidó de prometerlo en voz alta. Estaba muy ocupado repasando en su memoria los nombres de las latas de sardinas para recordarlos: Niña y Pinta, Niña y Pinta. Eran nombres que sabían dulce al pronunciarlos, como una uva que se paladea. No palabras punzantes e hirientes, como «escalpar» y «esqueleto».

Su madre se asomó a la puerta trasera y lo llamó. Parecía enfadada. Ray y Martín corrieron hacia ella y el mayor dijo en voz baja: «No cuentes nada o te arranco el cuero cabelludo.»

Mientras madre regañaba a Martín por no haber acudido inmediatamente, Ray, de pronto, tuvo una idea magnífica. El lunes por la mañana, cuando Martín y Shirley fueran a la escuela, les seguiría sin que se dieran cuenta, para saber qué hacían en el sendero, junto al agujero de la mofeta, donde metían todos aquellos tallos de maíz. Su madre, enfadada aún, vió a Ray que se sonreía.

—¿Qué haces parado ahí, con esa tonta sonrisa, como un gato que ve un canario? -le interpeló-. ¡Vamos! Lávate y vístete. Iremos todos a la ciudad a comprar trajes nuevos. No he tenido tiempo de ir, con este jaleo del traslado; pero, puesto que está lloviendo, pienso que es lo mejor que podemos hacer; vuestro padre no vuelve a casa hasta mañana. De todos modos, es mejor marcharse que estar ahí sentados, riñendo, en el garaje.

Madre dio un ligero azote a Ray para que subiera la escalera.

—¡Ja, ja! -exclamó Ray-. No me has hecho ni pizca de daño.

Subió, casi danzando de contento, al pensar que el lunes seguiría a Martín y a Shirley hasta la madriguera de la mofeta.

El sombrero nuevo

Era domingo. ¡Claro que era domingo! Shirley y Martín no iban a la escuela y, por tanto, Ray no podía seguirles hasta la madriguera de la mofeta. En cuanto despertó se dió cuenta de ello y sintió una gran desilusión.

Su padre había regresado durante la noche. Ray no le sintió venir; pero ahora oía su fuerte voz en el piso de abajo. Los domingos iba a la iglesia con él; hoy estrenaría el sombrero nuevo.

El sombrero de paja fue una de las últimas cosas que compraron el sábado por la tarde. Al salir del almacén su madre, cogió el sombrero de un mostrador y lo colocó en la cabeza de Ray.

—Tu padre -dijo- estrenará zapatos mañana, así que tú también estrenas un sombrero nuevo para ir a la iglesia con él.

Cuando Ray bajó a la cocina era ya tan tarde que tuvo que desayunar solo, pues los demás habían terminado. Su madre, Shirley y Martín se habían levantado más temprano que de costumbre, pues estaban nerviosos por los trajes nuevos. Aunque era todavía muy pronto, se estaban vistiendo ya para ir a la iglesia, a pesar de que no asistían al primer oficio; a éste iban solamente Ray y su padre.

Padre armaba un gran alboroto, en broma, acerca de los trajes nuevos.

—Sólo he conseguido unos zapatos. Me figuro -dijo a Ray- que a ti te olvidaron completamente.

Ray no podía contestarle, tenía la boca llena. Se levantó de un salto y echó a correr para enseñar a su padre el sombrero nuevo. Se lo puso antes de volver a entrar en la cocina. Caminaba muy erguido, para que no se le cayese. Estaba muy orgulloso de su nuevo sombrero, que tenía una cinta con motas y una pequeña pluma de color amarillo muy vivo.

Padre no hizo muchos comentarios. Estaba tomando el pelo a Shirley.

—Mírala -dijo-. Míralos a todos emperifollándose con sus trajes nuevos. En cambio, tú y yo, ¿qué es lo que tenemos entre los dos? Un par de zapatos y un sombrero. Sólo se ocuparon de tu cabeza y de mis pies. Vas a tener que subirte en mis hombros cuando entremos en la iglesia. Así, entre tu sombrero nuevo y mis zapatos, la gente no se fijará en la ropa tan vieja que llevamos.

A su padre no le importaba nada, por supuesto, que le hubiesen comprado solamente zapatos, de modo que a Ray le daba lo mismo no tener más que un sombrero. Shirley no se podía poner el traje como era debido, y estaba tan enfadada por las bromas de su padre, que protestaba entre dientes.

—¡Oh, Shirley! -dijo la madre, entrando majestuosamente con su traje recién estrenado-. ¿Aún no te has dado cuenta de que te está haciendo rabiar? No le hagas caso. Me parece, Martín, que ya que llevas un traje nuevo te podrías hacer mejor el nudo de la corbata.

—¿Sabes, Ray? -dijo su padre en voz muy alta-. Con todo este jaleo de trajes, lo mejor que tú y yo podemos hacer es salir sigilosamente y asistir, esta mañana, al primer oficio.

—¡Como si no fueseis siempre al primer oficio! -chilló Shirley. Y continuó murmurando en voz baja.

Cuando Ray y su padre, dispuestos ya para ir a la iglesia, entraron en el garaje a sacar el coche, a padre se le ocurrió comprobar algo que tenía entre las cajas y muestras apiladas en el establo. Sacó unas cajas y las dos latas de sardinas cayeron rodando. Padre metió la mano entre las cajas y sacó también la lata de arenques.

—¿Quién ha metido aquí estas latas? -preguntó.

—Yo no he sido -dijo Ray.

—Entonces, son de Shirley o de Martín. Te apuesto que hacen como si fueran barcos y las echan a navegar en el arroyo que corre junto a la carretera de la escuela.

Ray asintió, asombrado de que su padre lo hubiera adivinado. «Yo no me he chivado -pensó-. No le he contado ningún cuento a padre. Es él quien ha encontrado las latas y lo ha adivinado». Sin embargo, Martín nunca creería que no lo delató. Y dijo que le escalparía. Ray estuvo a punto de contar a su padre la amenaza de Martín. Pero eso sí que sería irle con cuentos.

Durante unos minutos se enfrentó con el problema. Padre no se enfadó en absoluto a causa de las latas; incluso sonrió, y esto lo arregló todo.

—Fíjate -continuó su padre-. A Shirley y a Martín les gusta andar con latas y echarlas a navegar, lo mismo que a mí cuando era muchacho. Los botes planos, como éstos, son los mejores; se les puede hundir. ¡Eh! Se me ocurre que, como aún es pronto, nos vamos a ir tú y yo a echar estos botes río abajo. Será divertido, ¿no te parece, Ray?

Menos mal que Shirley había lavado las latas, pues padre metió la de arenques en uno de los bolsillos de sus pantalones de fiesta y las de sardinas en el otro.

—Esas son la *Pinta* y la *Niña* -dijo Ray.

—¿Qué dices? -preguntó su padre, sorprendido-. ¡Ah!, es

verdad; son los barcos de Colón. Y, vamos a ver, ¿cuál es el nombre de la tercera carabela? ¿De la nave capitana?

Ray intentó recordarlo, mas no lo consiguió; tampoco su padre, a quien el esfuerzo hacía fruncir el ceño. Se impacientó consigo mismo, pero esto no sirvió de nada. Finalmente, sacudiendo la cabeza, dijo:

—¡Bah, qué importa! Hagámoslas navegar. Vamos, Colón.

Pero sí que importaba, pues durante todo el camino, mientras iban en el coche, Ray y su padre intentaban recordar el nombre de la nave capitana. Padre incluso murmuraba entre dientes:

—La *Niña*, la *Pinta*..., ¿cuál es el nombre de la tercera?

Paró el coche en el ángulo del cruce de carreteras. No se veían ovejas hoy, pero allí, más lejos, en un prado, pastaban unas vacas. El arroyo corría atravesando el maizal, junto a la cerca posterior. Ray quedó sorprendido; no se había fijado en ello durante la semana en que su madre y él habían acompañado a la escuela a Shirley y a Martín, pero su padre sí que lo sabía.

Había un cercado en torno al campo. Estaba formado por bloques cuadrados de alambre, entre los que se podían meter las puntas de los pies y trepar como por una escalera. A padre le molestaban las latas, que le abultaban los bolsillos y le impedían trepar; por eso las lanzó al otro lado de la cerca. Ray trepó lentamente, manteniendo la cabeza erguida para que no se cayera su sombrero nuevo.

—¡Atención! -gritó padre-. Olvídate un poco del sombrero y ten cuidado de no desgarrarte los pantalones. Sería difícil explicarle a tu madre cómo te has hecho un rasgón al ir a la iglesia.

Ray había pasado una pierna al otro lado de la valla, pero tuvo que permanecer un momento a caballo, de tal modo que le entró un ataque de risa. Padre, sujetando con las manos las tres latas, también reía. Se acercó un coche por la carretera, tan lento y silencioso que les cogió de sorpresa. Padre dejó caer los botes; después agitó una mano, saludando.

—Es el predicador -dijo en un ronco susurro-, no sabía yo que vivía por aquí. ¿Qué habrá pensado al vernos, a mí con la flota de latas vacías y a ti saltando una valla, el domingo?

Esperaron hasta que el coche se perdió de vista. Entonces padre rió y dijo:

—Bueno. Ahora vamos a echar nuestra flota al agua. Tú botas los barcos mientras yo busco algunas piedras, como munición. Seguiremos a los botes, tratando de bombardearlos y hundirlos. Si no, tendríamos que ir tras ellos durante tanto rato que no llegaríamos a la iglesia.

Era muy temprano y la hierba estaba aún húmeda de rocío.

—¡Cuidado con tus zapatos nuevos! -advirtió Ray a su padre.

Padre bajó la vista hacia sus relucientes zapatos.

—¡Oh!, no creo que se estropeen. Es hierba muy corta, mordisqueada por las ovejas -dijo. Y se alejó en busca de piedras.

Aunque el riachuelo era muy estrecho, el cauce estaba tan profundo que Ray tuvo que inclinarse mucho para colocar los botes en el agua. Su padre le gritó:

—¡Eh!, Colón. Primero el bote de arenques, que es la nave capitana, ya sabes. Después la *Pinta* y la *Niña*.

Ray se sintió avergonzado, porque había colocado a la *Pinta* y a la *Niña* delante de la *Santa María*. Pero...: ¡si ése era el nombre de la capitana! Le vino a la memoria así, de pronto. Se volvió y gritó a su padre:

—¡La *Santa María!* ¡La lata de arenques es la *Santa María!*

La rapidez del movimiento hizo que su sombrero perdiera el equilibrio. Cayó en el arroyo y la corriente lo arrastró. Como era muy ligero, adelantó a las tres carabelas de Colón. La pluma amarilla se hundía en el agua como si fuese un timón. Durante un

momento Ray quedó paralizado, luego dio un brinco.

—¡Padre, padre, mi sombrero! -gritó, y echó a correr arroyo abajo.

El padre cruzó el sembrado al galope y adelantó a Ray siguiendo el curso del arroyo, pero era demasiado tarde. El sombrero pasó junto a la valla, llegando al campo en que pastaban las vacas. Inmediatamente detrás del sombrero, la *Niña,* la *Pinta* y la *Santa María* se deslizaron por debajo del cercado.

—Quédate ahí -dijo el padre. Y comenzó a trepar el cercado.

—¡Padre! Ahí hay vacas- avisó Ray.

En efecto, había unas vacas pastando al otro extremo del campo. Su padre, a caballo en la valla de alambres enrollados, miró hacia las lejanas vacas. Los animales ni siquiera levantaron la cabeza.

—Las vacas son pacíficas -aseguró. Y saltó al campo.

No lejos del cercado, el arroyo se ocultaba tras una tupida masa de árboles y arbustos. El sombrero desapareció entre el arbolado y tras él se perdieron de vista las tres latas. Ray levantó las manos para subirse a la valla. Su padre le vio.

— Estate quieto, Ray —dijo. Y corrió para alcanzar el sombrero.

Ray permaneció con las manos en alto, mirando a través del cercado. Cosa rara; se oía un retumbar como de trueno. No, era más bien como el trepidar de un camión pasando sobre un puente. Tampoco era eso. El ruido resonaba y retumbaba por el suelo como si saliese de la tierra misma. De pronto, los arbustos se separaron. Surgió un toro enorme. Se detuvo junto a padre, escarbando la tierra y mugiendo. Con las pezuñas arrojaba la tierra por encima del lomo y lanzaba horribles mugidos. Bajó más y más la testuz, hasta que sus cuernos tocaron la tierra.

Padre permanecía petrificado frente al toro. Sin duda el animal los había visto mientras jugaban en el campo de al lado. Abandonando a las vacas se había deslizado entre los arbustos, como un perro al acecho. Y ahora, su padre y el toro estaban frente a frente.

De pronto el hombre se dio la vuelta y corrió como un loco hacia el cercado. El toro le seguía de cerca. Con la cabeza baja galopaba a campo traviesa. Las pezuñas, al aplastar la hierba, resonaban horriblemente.

Padre, aterrado, corría a grandes zancadas. Su rostro parecía una máscara inmóvil, tan sólo los ojos, muy abiertos y asustados, tenían vida. Miró por encima del hombro. El toro estaba muy cerca. Padre comenzó a correr en zigzag, saltando a un lado y otro del arroyo. Pero el toro hacía lo mismo, aunque el pesado animal no se movía con la misma ligereza que el hombre. Por fin se dobló una de sus patas delanteras y cayó; pero, levantándose, cruzó el riachuelo con un enorme salto. Entonces, por uno u otro motivo, se paró. Mugía, revolviendo a un lado y otro sus ojos sanguinolentos, pero seguía inmóvil, desorientado.

El hombre miró atrás una vez más. Vio que el toro se había detenido, y se dirigió hacia el cercado, al que Ray se agarraba con

manos crispadas. Su padre corría ahora en línea recta y el animal hacía lo mismo. Antes de que padre llegara a la cerca lo habría alcanzado el toro. Ray estaba petrificado; le parecía que no podía emitir sonido alguno, y, sin embargo, se daba cuenta de que saltaba y oía su propia voz gritando: «¡Jamás, padre; jamás llegarás antes que el toro!» Se izó hasta la parte superior de la cerca y gritó de nuevo: «¡Jamás!»

El toro le oyó y le vio saltar. Desvió los ojos, inyectados, del padre y los volvió hacia Ray. Galopó hacia él bramando y haciendo retumbar la tierra. Chocó contra la valla, que crujió y se bamboleó. Ray cayó al suelo por la fuerza del golpe, mas su padre pudo trepar y saltar al otro lado. El muchacho cayó de espaldas. Miraba al toro, que embestía una y otra vez contra el cercado: los ojos parecían brasas en su testuz.

Padre cogió a Ray, se lo echó a los hombros y corrió hacia la carretera donde estaba el coche. Desde las espaldas de su padre, el chico seguía viendo al toro, cuyos cuernos habían quedado enganchados en el cercado. El animal forcejeaba para liberarse, sacudía la cabeza para desengachar los cuernos. El cercado entero crujía con las sacudidas y los postes se bamboleaban a un lado y otro.

Padre no cesó de correr hasta que franqueó la valla que cruzaba la carretera. Aún llevaba a Ray a cuestas. Al llegar al coche abrió la portezuela, se inclinó y dejó que Ray se deslizara. Se dejó caer entonces en el asiento respirando entrecortadamente. Al fin tragó saliva y su respiración se normalizó.

—Ahora me encuentro a salvo. Nos separan dos vallas de esa bestia y estamos en el coche.

Durante largo tiempo estuvo mirando al toro, que sacudía la cerca. De pronto, se asomó por la ventanilla.

—¡Eh, tú! -gritó dirigiéndose al toro-. Te deseo que permanezcas enganchado ahí y que te llueva encima durante dos semanas.

Ray sintió ganas de reír. Se encontraba tan seguro, en el coche con su padre, mientras éste gritaba disparates al lejano toro. Pero, en lugar de reír, comenzó a llorar.

Su padre le dejó durante un rato. Luego dijo:

—Oye. Tendremos que decir a tu madre que han utilizado tu sombrero nuevo para hacer la colecta en la iglesia, y que echaron tanto dinero que la copa se rompió.

Esto le hizo mucha gracia a Ray. Quería reír, pero no podía dejar de llorar. Abrió las manos para mostrar a su padre las marcas que le habían dejado los alambres al agarrarse con todas sus fuerzas al vallado. Fingía que lloraba por eso, pero su padre sabía que no era así, pues dijo tranquilamente:

—Mira, lo mejor es que tú y yo vayamos a la iglesia. Nos hará bien sentarnos en un lugar tranquilo y seguro.

Ray tragó su último sollozo y asintió con la cabeza.

Cuatro secretos

Dentro de la iglesia uno se sentía tranquilo y a salvo. El pastor hablaba lentamente, con voz serena. Ray se sentó muy arrimado a su padre, que le echó un brazo por la espalda y, de cuando en cuando, le apretaba el hombro con mano firme.

Era extraño. Ray estaba allí, seguro y quieto, pero aún temblaba por dentro. Las palabras del pastor descendían hasta él como si se deslizaran desde una elevada plataforma. Oía las frases, pero no captaba el sentido, pues por dentro seguían resonando las palabras que su padre gritara al toro: «Ojalá te quedes en esa valla y te llueva encima durante dos semanas». Y aun aquí, dentro de la iglesia, sentía miedo.

El chico miró a su padre como interrogándole. Éste respondió con un ligero signo de cabeza y su mano apretó el hombro de Ray. Pero ello no le sirvió de alivio. Sería terrible, aun para un toro feroz, quedar enganchado en el cercado durante dos semanas. No podría comer, pasaría mucha hambre y se quedaría débil.

Su padre notó la preocupación que reflejaba el rostro de Ray, porque se inclinó hacia él y susurró: «No te preocupes, recuperaremos tu sombrero».

Ray se enderezó en su asiento: ¡Recuperar el sombrero! Se

alarmó, pues ello significaba que su padre tenía la intención de volver al arroyo y pasar por el campo donde estaba el toro. Estaba tan absorto dando vueltas a este pensamiento, que le sorprendió el movimiento de los fieles que se ponían en pie para cantar. Después de los himnos, salieron.

Una vez fuera, su padre se detuvo largo tiempo con tres hombres. Hablaban muy alto y reían; tres veces hizo su padre ademán de despedirse, pero volvía de nuevo. Les contaba la aventura con el toro; parecía que no iba a marcharse nunca.

—Padre -dijo Ray-. ¿Qué diremos a madre del sombrero?

Se puso colorado, pues todos los hombres le miraron; su padre contestó:

—Vamos a recuperarlo.

Uno del grupo puso la mano en la desnuda cabeza de Ray.

—Lo recuperaréis, si es que no se lo ha colocado el toro entre los cuernos.

Los hombres rieron; Ray les imitó, pero su risa era forzada. Le preocupaba la decisión de su padre de volver a buscar el sombrero. ¿Lo habría dicho por decir, para despedirse de sus amigos? Pero no, pues también lo susurró en la iglesia. Y ahora, cogiendo a Ray de la mano, dijo:

—Bueno, vamos por tu sombrero.

El chico se resistió.

—¿Volveremos a donde está el toro?

—Desde luego que no. Daremos un rodeo para evitarlo. Seguiremos el curso del arroyo hasta dar con tu sombrero. Pero nos mantendremos alejados del toro.

—Padre, podíamos ir con el coche, a ver si el toro sigue todavía enganchado en la valla.

—¡Ah!, claro. Vamos a verlo. Si aún continúa enganchado avisaré al dueño.

¡Qué alivio! Qué estupendo fue oírle decir eso a su padre. Ahora Ray ya no sentía miedo de volver.

Cuando llegaron a la vista del vallado, el toro se había liberado; y no había derribado nada. El animal, tan feroz poco antes, pacía ahora tranquilamente con las vacas. Padre hizo sonar la bocina. Ray, formando un altavoz con las manos, gritó al toro.

—¡Eh! ¡Horrible bestia!

—Se lo dije sólo para divertirme -aclaró-. Me alegro de que sacara los cuernos de los alambres. Se portó mal, pero yo no le deseaba que pasara hambre y aguantara la lluvia durante dos semanas.

—¡Ah! -dijo su padre sorprendido-. Era eso lo que te preocupaba en la iglesia. Tampoco yo se lo deseaba, Ray. Le grité porque así me desahogaba. Lo mismo que te ha ocurrido a ti ahora -y añadió-: Fue una gran cosa, Ray, que lograras distraer al toro saltando y gritando. Si no es por eso, seguro que me coge antes de que yo pudiera llegar al cercado. Y sus cuernos tenían un aspecto terrible.

—Sí, terrible - asintió Ray hablando tranquilamente, como si fuera un hombre, pero por dentro casi estallaba de orgullo. Se arrimó a su padre y le confesó sinceramente-: Padre, no me daba cuenta de que saltaba y gritaba. Ni siquiera me enteré de que me había soltado de la valla cuando se me acercó. Creí que no podría saltar. ¡Era tan espantoso ver su enorme cabeza y los ojos inyectados que giraban a un lado y otro!

Se detuvo, pues tan sólo al recordarlo temblaba nuevamente. Cambió de tema:

—Padre, si encontramos el sombrero lo sacaré por la ventanilla del coche durante el camino de vuelta, para que se seque.

—Poco a poco, Ray. Lo primero es encontrar el sombrero.

Qué bien se estaba en el coche, con padre; la carretera y los campos resplandecían al sol. Cuando llegaron al lugar en que el arroyo pasaba junto a la carretera, antes de desaparecer entre los arbustos, su padre paró el coche y bajaron. El hombre descendió la empinada cuesta y bajó al arroyo. Ray esperaba.

Reinaba un gran silencio y todo parecía tranquilo y majestuoso alrededor. Ray no sentía deseo alguno de seguir el curso del arroyo, ni siquiera para recuperar el sombrero. El rumor del agua que corría allá abajo, en el hondo cauce, le recordaba el ruido que hicieran las pezuñas del toro aplastando la hierba. Echó una mirada a lo largo de la carretera. El toro debía de estar lejos.

Padre asomó por encima de la ribera y vio que Ray permanecía inmóvil, junto a la carretera.

—Vamos en busca de tu sombrero.

El chico se apresuró a deslizarse por la pendiente de la orilla. Su padre no le esperó; iba tan de prisa que era difícil seguirle. Ray, mientras corría sin poder alcanzarle, pensaba qué podría decirle para que le esperase; pues el campo estaba demasiado silencioso y el murmullo del arroyo le daba la impresión de que alguien o algo le seguía. Al fin preguntó:

—¿Hasta dónde llega este arroyo?

El padre sin detenerse le contestó:

—Hasta el mar - gritó.

—¿Hasta qué mar? -y al pensarlo, Ray se olvidó de correr.

—¿Hasta qué mar, padre?

Esto hizo que, al fin, su padre se detuviera. Se volvió extendiendo los brazos. Aprovechando la oportunidad, Ray lo alcanzó en una carrera.

—Qué sé yo -respondió su padre-. Hay un mar y, más pronto o más tarde, este arroyo llega allí. El riachuelo llevará su pequeño caudal a otro mayor; éste, a su vez, desembocará en un río, el río en otro más importante, y así sucesivamente, hasta que el último río vaya a parar al mar. ¿Comprendes? ¿Ves a tu sombrero, con su plumilla amarilla, navegando en el mar? Tenemos que rescatarlo antes de que llegue hasta allí, pues no tenemos tiempo de ir hasta el mar antes que tu madre y tus hermanos vuelvan a casa.

¡Qué estupendo era el oír bromear a su padre en aquel sereno atardecer campestre, y estar junto a él a la orilla del arroyo que, de un modo u otro, desemboca en el mar! Era una broma divertida, pero muy seria al mismo tiempo.

Padre escudriñaba el arroyo en todas direcciones; de pronto dio un salto, se inclinó y, al enderezarse, llevaba en la mano dos latas de sardinas chorreando agua. Ray vio algo que brillaba un poco más abajo; corrió, adelantando a su padre, y allí en el fondo del agua, estaba el bote de arenques, la *Santa María*. La cogió y la mostró, levantándola en alto.

—Buen chico. Ahora sabemos que si nuestra flota de Colón llegó hasta aquí, el sombrero ha debido llegar más abajo, puesto que no puede hundirse. Y, seguramente, no se ha enganchado en ninguna rama de la orilla. Vamos, antes que llegue al mar.

Corrieron arroyo abajo hasta llegar al pie de una colina. El arroyo desaparecía allí entre una espesa masa de árboles y arbustos. Ray se acercó a su padre y le cogió de la mano. El hombre iba de prisa; Ray retardaba el paso.

—¿Estás cansado? ¿Te duele el costado? No, Ray, no hay un toro detrás de cada árbol o de cada mata.

Pero su padre caminaba también más despacio, mirando cuidadosamente hacia los matorrales. El arroyo estaba sumido en la oscuridad; tanto el padre como el hijo estaban al acecho de cualquier sonido que pudiera surgir de improviso entre las sombras.

¡Y de pronto se oyó, en efecto, un ruido! Pero el padre continuó su camino arrastrando al chico. Rebasaron un grupo de arbustos y vieron, bajo los árboles, a un viejo que tosía. Éste era el ruido que acababan de oír.

El anciano estaba doblado y parecía no poder contener la tos que resonaba, lamentable, bajo los árboles. Finalmente el hombre se enderezó jadeante, abanicándose con el sombrero.

—Padre -susurró Ray. Era su sombrero nuevo. Y ahora que el hombre se había enderezado, Ray vio que era el abuelo de la casita blanca.

—¡Pero si es el viejo, padre!

Naturalmente, como que éste era el macizo de árboles que había detrás de la casa, y más allá del macizo estaba el cobertizo

caído sobre el arroyo. Mas todo parecía distinto cuando uno estaba entre los mismos árboles que sólo había visto de lejos.

El anciano se limpió los ojos y la boca.

—¡Ah! Pero si es el muchacho que siempre grita: «¡Hola, abuelo!», desde el coche. En ese caso este sombrero que llegó hasta aquí navegando, hace una hora más o menos, debe de ser tuyo. Lo atrapé justamente antes de que desapareciera bajo el cobertizo. ¿Es tuyo, hijo?

Luego miró al hombre que llevaba en sus manos las latas de sardinas.

—¿Habéis estado jugando en el arroyo, muchachos? -dijo.

Padre sonrió y se guardó las latas en los bolsillos. El anciano entregó el sombrero a Ray.

—Lo colgué de la rama de un árbol para secarlo, pero me dio un ataque de tos y lo usé como abanico.

—Da las gracias, Ray -dijo su padre. El muchacho lo hizo y el hombre se dirigió hacia el cobertizo derruido.

—Soy el padre de Ray -y miró el cobertizo-. Esto parece que se ha desmoronado.

—Una mañana lo encontramos como lo ve.

—¿Y no se podría levantar? ¿O es que no lo necesitan?

—En cierto modo, no -respondió el viejo-. Vendí mi pequeña granja al hombre que compró todo el campo para cultivar maíz. Conservé tan sólo la casa, el corral y el cobertizo para mi viejo caballo. Pero ya no necesito el caballo, y como el cobertizo se ha derrumbado...-el anciano señaló hacia la colina que Ray y su padre habían bordeado-. Allí tengo el caballo -el hombre y el chico miraron, pero no se podía ver gran cosa a través de los altos maizales; tan sólo la cumbre de la colina.

—El hombre que compró mi granja al mismo tiempo que todas las demás, me permitió conservar una pequeña pradera para que mi caballo pueda pastar -explicó-. La verdad es que la cima de la colina es demasiado escarpada y el suelo muy arenoso para cultivar maíz. Los arados y los tractores no podían llegar hasta allí, de manera que levantó un pequeño cercado en torno a la hierba. De todos modos, el hombre se portó bien. No tenía obligación de hacer nada. Adivinó, supongo, que me costaba más separarme del caballo que perder la granja.

— Comprendo —dijo padre—. Pero cuando llegue el invierno necesitará usted el cobertizo para cobijar al caballo.

Mientras los dos hombres hablaban Ray enderezó la pluma del sombrero, rizada por la humedad.

—No debí haberme quedado con el caballo. Aunque consiga levantar el cobertizo antes de que llegue el invierno, mi mujer no puede andar, yo tengo reuma y asma. Me será muy difícil llegar hasta la colina con el frío y la nieve.

El viejo comenzó a toser de nuevo. Se apoyó en el árbol, agotado. Padre le golpeó cariñosamente en el brazo.

—Creo que podré ayudarle -dijo mientras se acercaba al barracón y tiró de los tablones como si intentara levantarlo.

—No sería demasiado difícil enderezarlo y apuntalarlo. Lo haré algún sábado, cuando estemos mejor instalados. Es que acabamos de trasladarnos aquí.

El viejo le miraba.

—Es muy generoso por su parte al ofrecerse a hacerlo, pero tiene usted su propio trabajo. Parece fácil, de palabra. Pero todo requiere tiempo y es difícil hallarlo. ¡Cada cual está tan ocupado con su propia vida...! Ya no te vemos pasar en el coche -dijo a Ray-. La vieja te echa de menos. Como está siempre sentada, no tiene mucho entretenimiento, y tú siempre saludabas al pasar.

—Es que todavía no voy a la escuela, pero el año próximo pasaré por delante de su casa todos los días.

Padre miró el reloj:

—Voy a echar un vistazo a la escuela, ya que estamos cerca. Aún no la conozco. Mire -dijo al anciano-, Ray y yo vamos juntos a la iglesia todos los domingos. ¿Qué le parecería si a la vuelta entráramos a visitar a usted y a su mujer? Cuando vengamos veré cómo puedo arreglar lo del cobertizo.

—Sí, sí, me parece muy bien. Mi mujer se alegrará mucho -dicho esto se dirigió hacia la casa. Seguro que iba a contárselo a la vieja inmediatamente.

Ray y su padre prosiguieron su camino y, mientras iban andando, dijo el hombre:

—Tu madre me habló un día de lo triste que era ver a esta pareja de viejos solitarios y su cobertizo desmoronado. Recuérdame, Ray, que les visitemos los domingos.

—¿De verdad, vas a levantar el cobertizo?

—Me gustaría poderlo hacer. Quiero ayudarles. Imagino lo desvalido que uno se siente cuando está viejo y enfermo -miró el reloj-. Démonos prisa, si no, tu madre y hermanos llegarán a casa antes que nosotros.

Cuando llegaron a la escuela, el padre levantó a Ray para que éste pudiese ver el interior de la clase a través de la ventana.

—No es gran cosa -dijo padre-. Pero he oído decir que el maestro es bueno y eso es lo que importa. Y tú aprenderás en cualquier sitio, sabiendo ya tantas cosas, como eso de la *Niña*, la *Pinta* y la *Santa María*.

De pronto salió un ratón por debajo de uno de los pupitres y se perdió de vista. Esto hizo que Ray se acordara de la mofeta.

—Padre -preguntó-. ¿Son malas las mofetas?

—¿Cómo se te ha ocurrido esta pregunta? -y mientras hablaba, bajó a su hijo del alféizar de la ventana-. No, las mofetas no son malas, pero hay que respetarlas. Les gusta estar solas, de modo que si algún día ves alguna, la dejas en paz. No te acerques y sigue tu camino y ella no te molestará. ¿Es que has visto alguna?

—Yo no, pero Shirley y Martín encontraron una madriguera en el sendero y llenaron el agujero de tallos de maíz, de modo que la mofeta no puede salir. Y se acercan al agujero y gritan con todas sus fuerzas, para enfurecerla.

—Que críos locos. Qué cosas hacen. Creen que la mofeta se va a quedar encerrada en el fondo del agujero porque hayan tapado la entrada con tallos de maíz. Si realmente es la madriguera de una mofeta tendrá otras salidas. Pero yo creo que se trata de la madriguera abandonada de una marmota. ¡Qué bobos! Hartarse de gritar en un agujero vacío...

Volvió a mirar el reloj:

—Es muy tarde. Corre al coche. Tenemos que darnos prisa si queremos llegar a casa antes que los demás. Debemos ocultar a tu madre la aventura del toro; será un secreto entre nosotros. Se llevaría un susto de muerte si supiese que un toro me ha perseguido; y le daría aún más miedo vivir en el campo, con la amenaza, no sólo de las serpientes, sino también de los toros.

Antes de marcharse, Ray agitó el brazo y saludó a los dos viejos.

Cuando llegaron al coche, su padre se sacó las latas de los bolsillos y se sacudió el polvo con la mano. No le pareció suficiente, y cogió un cepillo que guardaba en el auto e hizo que Ray le cepillara. Luego él, a su vez, cepilló al chico.

—Ya estás -dijo observándole-. ¿Y yo? Bueno, recuérdalo, hay que guardar en secreto lo del toro y lo del sombrero.

Ray asintió de nuevo y subió rápidamente en el coche, pues debían llegar a su casa lo antes posible.

La impaciencia le hacía sentarse al borde del asiento e inclinarse hacia adelante, como si de este modo pudiese acelerar la marcha. Sostenía el sombrero entre las manos. Padre había dicho que esto era un secreto; mas no solamente éste, ya que, si descubría lo del sombrero, se descubriría también lo del toro. Y tan importante resultaba uno como el otro. Además de los dos secretos que compartía con su padre, debía ocultar a Martín que padre había descubierto las latas. No era culpa de Ray, él no había ido con cuentos, pero Martín nunca lo creería; y había dicho que le iba a escalpar si hablaba. ¡Tres secretos nada menos! Y aún quedaba el suyo propio: el plan de seguir a Martín y a Shirley hasta la madriguera de la mofeta.

Si no llegaban a casa antes que el resto de la familia, no podría ocultar lo de las latas.

Lanzó un suspiro de alivio cuando vio, al entrar en el patio, que el otro coche no estaba. Casi antes de que se detuvieran se puso el sombrero, cogió las latas, saltó y corrió hacia el garaje. Una vez allí, ordenó todas las cajas exactamente lo mismo que estaban antes de que su padre las moviera. Luego colocó las tres latas entre las cajas, tal como estaban antes.

Una vez terminada la faena se sintió muy satisfecho de sí mismo, pues nadie notaría nada.

Se quitó el sombrero y se abanicó con él, lo mismo que viera hacer al viejo. Al tocarse la cabeza se dio cuenta de una cosa. Martín no podría escalparle, puesto que llevaba el pelo cortado al rape, lo mismo que él. Qué tranquilidad le daba el pensarlo. Y, sombrero en mano, se alejó del garaje canturreando: «¡Ja, ja!, Martín no puede escalparme.»

Sentía un alivio tan grande ahora que las tres latas estaban en su sitio. Todo había salido maravillosamente bien. ¡Y él guardaba cuatro secretos, dos de ellos a medias con su padre! Se sentía feliz pensándolo y se apresuró a entrar en la casa para reunirse con él.

Clik Clok

Ray durmió hasta muy tarde el lunes. Ese día, Martín y Shirley iban a la escuela y el pequeño pensaba llevar a cabo su gran plan de seguirles, sendero abajo, hasta el agujero de la mofeta y ver lo que hacían.

—Hola, dormilón-, le saludaron cuando entró en la cocina.

—Qué agradable debe de ser no ir a la escuela, no tener que lavarse, vestirse y desayunar de prisa - dijo Shirley.

Ella y Martín estaban ya vestidos, desayunando. El padre entraba y salía de la cocina, haciendo los últimos preparativos para marcharse en el coche y pasar toda la semana fuera, haciendo su gira de ventas en lejanos pueblos y ciudades. Madre, sentada en el borde de la silla, sorbía nerviosamente, a traguitos, el café.

—¿No contestas a nuestros buenos días? Te estaba esperando. Tengo que lavar, pero no pienso bajar sola al sótano; está plagado de ratones.

—Desde aquí se les puede oler -corroboró Shirley.

—¡Bah, las chicas! -dijo Martín-. Siempre se asustan de los ratones.

—Gracias por considerarme una chica. Pero yo tengo que bajar al sótano, mientras tú estás en una escuela nueva y limpia.

—También hay ratones en la escuela -se le escapó a Ray.

El padre, que en aquel momento entraba en la cocina, le lanzó una mirada, pues el chico casi había revelado el secreto. Es que era muy difícil guardar tantos secretos. Se sintió avergonzado, mas por detrás de Martín y Shirley, padre le guiñó un ojo y le sonrió. Entonces Ray se animó y dijo muy decidido:

—Las chicas y las señoras, como mamá, tiene miedo a los ratones porque se les suben por las piernas. ¿Por qué los ratones trepan por las piernas de las mujeres y no de los hombres?

—Bien -comentó la madre-. Es muy oportuno mencionar esto ahora que tengo que bajar al sótano. Así sois los chicos.

Pero Ray repitió:

—¿Por qué es así?

Padre hizo una señal a Ray, mirando hacia la madre, para que no insitiera. Y preguntó a su vez:

—¿Por qué no me preguntas una cosa fácil? Por ejemplo: ¿Cúal es el nombre de la nave capitana de Colón? -otra vez hizo un guiño a Ray-. Ahora que lo pienso. Antes de salir voy a arreglar las cajas que tengo en el garaje.

Martín se incorporó sobresaltado, pero Shirley no captó la intención de la frase, sino que contestó:

—Sé cómo se llamaban todos los barcos de Colón: La... Padre le tapó la boca con la mano.

—Claro que tú lo sabes, pero quiero que me lo diga Ray.

—La *Pinta,* la *Niña* y la *Santa María* -respondió rápidamente.

Shirley abrió la boca, de pura sorpresa, a pesar de tenerla tapada por la mano del padre. En cambio Martín, que había dicho a Ray los nombres de los buques, lanzó a su hermano una mirada aviesa. «Chismoso». Formaron la palabra sus labios, aunque no emitió sonido alguno. Ray miró a su padre con reproche; sus bromas le habían descubierto.

El padre captó la mirada y dijo:

—Bueno, he de darme prisa, arreglaré las cajas otro día -y despidió a todos con un beso, aunque Martín se ocultó debajo de la mesa. Pero ya estaba tranquilo, puesto que su padre no descubriría los botes.

Ya en la puerta, el padre dijo al pequeño:

—Ray, baja al sótano con tu madre y quédate con ella mientras lava. Lo harás, ¿verdad?

Ray tuvo que prometerlo y se le estropeó el plan de seguir a sus hermanos por el sendero.

El padre se marchó. Shirley y Martín prolongaban el desayuno y Ray sabía el motivo. Esperaban hasta que su madre bajara al sótano, para coger las latas del garaje sin que les viera.

—Bueno, Raimie. Bajemos al sombrío y húmedo calabozo. Prefiero hacerlo mientras Martín y Shirley están todavía en casa.

Ray bajaba las escaleras delante de su madre, que le seguía con la cesta llena de ropa para lavar.

—Qué asco. Huele a ratones.

—Desde aquí los huelo -gritó Shirley en la cocina. Y cerró de golpe la puerta del sótano.

—Gracias -respondió la madre desde abajo-. Espero que la escuela esté llena de ratones y te corran por las piernas.

De pronto, madre preguntó:

—Ray, ¿cómo sabías que hay ratones en la escuela? -y a continuación se reprochó a sí misma: «Estoy obsesionada con los ratones; se me pasará en cuanto haya puesto en marcha la máquina de lavar y oiga su ruido familiar.

—Ya sé por qué los ratones no se suben por las piernas de los hombres; porque llevan pantalones -dijo Ray.

—Estás inspirado esta mañana. Primero dices los nombres

de todos esos barcos y ahora... ¿Cómo no se me ocurrió antes? Ahora mismo subo a ponerme los pantalones -y cambiando de idea añadió-: No, primero pondré en marcha la máquina.

De pronto un trozo de cemento se desprendío de las piedras que formaban las paredes del sótano. Madre dio un salto y gritó.

—Has chillado como un ratón -dijo Ray riendo.

—No te quedes ahí riéndote. Reconozco que los ratones me aterran. Háblame de algo mientras hago funcionar la máquina.

¡Qué difícil es hablar, justamente, cuando alguien te pide que lo hagas¡ Ningún tema de conversación venía a la mente de Ray, excepto... los ratones. Pensó en la mofeta; se había estropeado su magnífico plan de seguir a Martín y a Shirley, pero... de esto no podía hablar. Tampoco era posible mencionar la terrible aventura del toro. Finalmente, dijo:

—Padre dice que construirá un sótano nuevo, con sólidas paredes de cemento. En los tiempos en que se hizo esta casa trajeron piedras del campo y, uniéndolas con mortero, construyeron un tosco muro que blanquearon con cal.

Madre echó una ojeada a las enormes piedras y al sucio mortero que se veía entre ellas.

—Seguro -dijo con ironía- que tu padre arreglará este sótano cualquier sábado por la tarde. -Miró hacia la minúscula ventana, cubierta de telarañas, y puso en marcha la máquina lavadora, que comenzó a funcionar ruidosamente.

Se apartó de la lavadora, las manos en las caderas.

—Este viejo suelo es tan desigual, que la lavadora no puede mantenerse en equilibrio sobre las cuatro patas, ni siquiera sobre tres. ¡Qué desdichada casa, con un sótano viejo y sucio, lleno de ratones! Me dan ganas de gritar. Pero ¿qué haces ahí tan quieto?

—De verdad que padre hará paredes nuevas - respondió Ray,

sorprendido ante las palabras de su madre-. ¿Recuerdas, madre, el cobertizo derruido del viejo de la casita blanca? Pues padre lo va a levantar para que sirva de cobijo al caballo del abuelo.

El enfado de madre se disipó. Se inclinó y abrazó a Ray.

—Naturalmente que lo hará. Levantará muros nuevos y arreglará el cobertizo. Si él y tú lo creéis, también lo creo yo.

Encima de ellos se oyó un fuerte golpe. Shirley y Martín habían salido y, en su precipitación, empujaron violentamente la puerta de la cocina.

—¿Eran tus hermanos?

Ray asintió con tristeza. Shirley y Martín se habían marchado, y el plan de seguirles que en secreto acariciaba era imposible.

—Subo corriendo a ponerme pantalones -dijo madre-. Si eso impide que me suban ratones por las piernas, tengo que probarlo. ¿Quieres venir conmigo?

Ray asintió. Tal vez, mientras su madre se ponía los pantalones, podía salir un momento y ver por dónde iban sus hermanos. Justamente entonces oyó, desde la cocina, la voz de su madre.

—Raimie: Martín y Shirley han olvidado sus manzanas. Están en el aparador. Corre y alcánzales; me parece que les oigo gritar en el sendero.

Y así, inesperadamente, podía realizar su proyecto, ¡con permiso de su madre! Voló escaleras arriba. Su madre le alargó las manzanas comentando:

—¿Oyes? Están todavía en el sendero, gritando como indios.

Allá abajo, en el sendero, Ray vio a Shirley, los cabellos flotando al viento, la cabeza echada hacia atrás, gritando. Estaba ya más allá del agujero.

Ray corrió por el sendero para ver a Martín, que no había llegado aún a la madriguera. Martín comenzó a correr; no podía ir de prisa a causa de los botes que llevaba en los bolsillos y que tenía que sujetar con las manos para que no se cayeran. Así, que Ray iba alcanzando a su hermano.

Martín no gritaba. Se detuvo junto al agujero, movió los tallos de maíz y, con la cara pegada a la madriguera, gritó:

—Asquerosa mofeta: apestas. ¿Crees que tengo miedo?

Y echó a correr para alcanzar a Shirley, que no le esperó; trepó la valla que bordeaba el sendero, saltó al campo y desapareció entre el maíz. Martín saltó la cerca apoyándose en uno de los postes que la sujetaban y continuó en persecución de Shirley.

De pronto, Ray se encontró solo en el sendero, junto a la madriguera de la mofeta. En torno reinaba un absoluto silencio. Quedó petrificado. Le entraron ganas de dar la vuelta y correr hacia casa, pero eso no estaba bien. Debía llamar a sus hermanos y darles las manzanas. Mas la voz no le salía de la garganta. Comenzó a llorar, gritando los nombres de Martín y Shirley. Súbitamente dejó caer las manzanas y echó a correr.

Por detrás de él, Shirley y Martín surgieron de entre el maíz.

—Te vi -chilló Shirley-. ¡Martín! Nos estaba espiando.

Martín, furioso, saltó la valla y agarró a su hermano pequeño por la mano. Se detuvo detrás de un manzano partido, para que su madre no los viera, y dijo:

—¿Por qué tienes tú que seguirnos? Sabes que no debes hacerlo. Y le contaste a padre lo de nuestras latas, ¿verdad?

Shirley se les había reunido.

—Eres un niño llorón; te está bien merecido por seguirnos. Más vale que no le vayas con cuentos a madre. Ahora ya no podemos hacer navegar nuestros barcos. ¡Y todo por su culpa, Martín! Y se nos ha hecho tan tarde que tendremos que ir a la escuela sin parar de correr.

—Si vuelves a hacer esto -le advirtió su hermano-, seguirnos y chismorrear, te..., te escalparé, a pesar de que lleves el pelo cortado al rape. Te cortaré el cuello. Y ahora, ¡a casa!

Shirley y Martín saltaron de nuevo la valla y a los pocos minutos se perdían de vista en el maizal.

—Yo no dije nada -sollozaba Ray-, ni os estaba siguiendo. Madre me envió porque habíais olvidado las manzanas.

Sintió de pronto resentimiento e irritación. Martín y luego Shirley habían sido mezquinos con él, y, a su vez, también se sentía mal. ¡Cómo le trataban porque eran mayores e iban a la escuela! No les llamó para darles las manzanas que había dejado caer. Deseaba que se las comiera la mofeta; no le importaría nada.

Las dos hermosas manzanas, tan rojas, estaban en el suelo, junto a la madriguera. ¿Qué iba a responder cuando su madre le preguntara si había dado las manzanas a sus hermanos? No podía confesar que las había tirado.

Furioso e indignado buscó algo en torno al manzano. Vio un palo grande y lo cogió; armado con éste, tornó al sendero, acercándose a las manzanas y al agujero. Pensaba razonablemente: «Esto no es una madriguera y no hay mofetas dentro. Padre dijo que no era más que un viejo agujero abandonado por una marmota. Lo que pasa es que Martín y Shirley no lo sabían». Y, volviéndose hacia el campo de maíz, gritó, como si sus hermanos fueran a oírle:

—¡Ja, ja! No hay mofeta alguna en el agujero. Lo dijo padre. Y dijo también que erais tontos. ¡Ja, ja! Martín y Shirley. ¡Tontos!

Nadie respondió, naturalmente. El maíz crujió, moviéndose a impulsos de la brisa; después silencio, un silencio expectante. Ray no gritó ya. Agarró el palo, permanecía silencioso y miraba al agujero. «No hay ninguna mofeta; padre lo ha dicho», se repetía. Pero no estaba muy seguro de ello. Su padre se había marchado. Shirley y Martín también. Estaba solo.

A cierta distancia se oyó un alegre silbido. A sus espaldas otro silbido respondió. Por un momento el chico creyó que eran Martín y Shirley, mas entonces vio que un pájaro levantaba el vuelo desde uno de los postes del cercado. Era una codorniz. Otra codorniz se posó en el poste que estaba justamente junto al agujero de la mofeta.

Escuchando el alegre canto de la codorniz tan cerca de él, Ray olvidó sus temores. Frunciendo los labios trató de imitar el canto de las aves. Al cabo de cinco intentos lo consiguió. Y, con gran asombro, escuchó la respuesta de la codorniz que estaba junto a él, y después, de la otra también. Animado con estos alegres silbidos, Ray se atrevió a acercarse a las manzanas, sujetando con fuerza el palo.

Súbitamente le vino la idea. Ya sabía cómo podría rescatar las manzanas. Cuando era muy pequeño y Shirley le cuidaba, ella solía coger un palo y, con la punta, trazaba en la tierra un cuadrado en torno a su hermano. Le decía que estaba encerrado allí y que no podía salir. En aquel tiempo se lo creyó y jamás trató de salirse del cuadrado. Mientras trazaba la línea en torno del pequeño, Shirley solía cantar una canción. ¿Cómo era? Ray no podía recordarla, tuvo que inventar algo, pero al fin se la cantó a la codorniz que estaba posada junto a él:

Clik clok.
Echa el cerrojo,
Cierra la puerta,
Cierra la ventana.
Clik clok,

Echa el cerrojo
Y nadie podrá entrar.

Ray trazó un cuadro con el palo, cantando mientras lo hacía. Después, con el mismo palo, empujó las manzanas dentro del cuadrado. Al inclinarse para recogerlas no apartaba los ojos de la madriguera. De pronto, cogió una de las manzanas y la empujó hacia el agujero. Era para la mofeta, si es que tal animal se guarecía, en efecto, en aquel agujero.

Se dirigió hacia el manzano partido, dejó el palo donde lo había encontrado y escondió la manzana bajo el árbol. Estaba orgulloso de sí mismo. Había tratado a la mofeta con respeto, tal como le aconsejara su padre, no le gritó cosas insultantes y hasta le había dejado una manzana.

Justamente cuando Ray cruzaba el patio, su madre apareció en la puerta de la cocina. Se había puesto pantalones que incluso sujetó con unas gomas por la parte de abajo. Se reía de sí misma.

—Qué trucos. No creo que los ratones suban por las piernas, pero, de todos modos, el haberme puesto pantalones con estas gomas me da más tranquilidad. Así, aunque tuvieran la intención de trepar, no pueden hacerlo. Bueno; ahora que has vuelto de la escuela, bajemos al calabozo. La lavadora debe estar subiéndose por las paredes.

—¿Que he vuelto de la escuela? -repitió Ray.

—Sí. Has tenido que seguir a Shirley y a Martín hasta allí. ¡Has tardado tanto en volver!

—No, madre. Ni siquiera dí las manzanas a Martín y a Shirley. Estuve..., estuve jugando en el sendero.

—¿Jugabas a ir a la escuela?

Ray no comprendió.

—No sé cómo se juega a ir a la escuela -dijo.

—No importa. Es una broma. Y ahora, vamos al sótano.

La lavadora se había movido, en efecto, aunque no hubiese trepado por las paredes. Hacía mucho ruido y la espuma de jabón se escapaba bajo la tapa.

—Si afianzáramos las ruedas en algo -dijo la madre-, tal vez la máquina no se moviese tanto. Mira a ver si encuentras algún trozo de goma o unos chanclos viejos bajo la escalera. Allí hay aún cajas sin desembalar.

Ray se metió bajo la escalera; apenas empezó a mirar gritó su madre.

—¿Has encontrado algo?-. Parecía asustada.

Ray se acordó del juego del clik clok y tuvo una idea. En lugar de buscar gomas buscó un bastón. Corrió hacia su madre, trazó un cuadro sobre el polvoriento suelo, en torno de ella y de la lavadora. Su madre le miraba asombrada.

Entonces Ray cantó:

Clik clok.
Echa el cerrojo,
Cierra la puerta,
Cierra la ventana.
Clik clok,
Echa el cerrojo
Y nadie podrá entrar.

—Nadie, ¿eh? De modo que nadie puede acercarse a mí, ni siquiera los ratones, pero, ¿lo saben ellos?

—Ya sabes que no -respondió Ray con impaciencia-. Pero él no les dejará.

—¿Quién no les dejará?

—Dios.

Su madre le miró asombrada.

—¿Es acaso un juego que has inventado?

Ray asintió.

—Y, ¿cuándo juegas a eso?

—Cuando estoy asustado.

—¿Te asustaste en el sendero? Me di cuenta de que habías llorado.

Su madre era estupenda. Había notado que lloró, pero le había hecho creer que no se dio cuenta.

—Me asusté al principio -dijo Ray-, pero después jugué al *clik clok* y ya no tuve miedo.

—Pero, Ray -le dijo su madre-, date cuenta de esto. Cuando trazas un cuadrado en torno tuyo te sientes seguro; pero, en realidad, no lo estás. ¿Qué pasaría si se acercase un perro feroz? No se iba a detener por una raya que tú has trazado en el suelo. La idea es magnífica, Ray, pero no debes confiar mucho en ella.

—¡Oh, no, madre!

—Bien. Dime, ¿qué harías si viniese un perro feroz?

—Si se acercase un perro no lo sé, pero si fuera un toro el que viniese, no me quedaría quieto dentro de mi cuadrado. Correría en zigzag y, en cuanto pudiese, saltaría una valla, porque los toros no pueden saltar vallas.

—Me alegro de oírte. Quería saber que no ibas a quedarte quieto, convenciéndote a ti mismo de que estabas seguro. Ahora sé lo que sucede. Al trazar el cuadrado no eres tú el que se encierra dentro; es el miedo quién queda fuera. Eso es, el miedo no puede entrar, ¿verdad?

Ray miró a su madre con la boca abierta y se acercó a ella, que continuaba inmóvil, dentro del cuadrado. ¡Ahora todo estaba claro! Ella lo había adivinado. Y suavemente dijo:

—Sí, madre.

—Es lo mismo que ponerme pantalones para que los ratones no me suban por las piernas. Aunque no es muy eficaz, uno se siente más seguro. Y para demostrarte que tengo fé en el cuadrado que has dibujado en torno mío, mientras vas a buscar las gomas que te he pedido, no me moveré de tu recinto.

Debajo de la escalera, Ray no encontró mas que dos gomas y un par de chanclos. Antes de entrar en el cuarto cantó: «*Clik clok*, ábrete, puerta». Su madre calzó las ruedas de la lavadora, colocando bajo ellas las gomas y los chanclos. Esto hizo que la máquina dejara de bailar; y no metiera tanto ruido.

—¡Qué espectáculo tan cómico! -dijo madre-. ¡Una máquina lavadora con chanclos!

—Se alejó para contemplarla, pero antes de cruzar la línea se acordó de decir: «*Clik clok*, puerta, ábrete».

—Madre, ¿tienes miedo ahora?

Antes de responder, madre se arrodilló junto a él, sobre el polvoriento suelo.

—Ray, por lo mismo que yo soy una mujer miedosa, no quiero hacer de ti un niño miedica. Debo permitirte ir solo al sendero y jugar allí a lo que quieras.

—Madre -dijo afanosamente el muchacho-. Quiero que me enseñes tu juego de ir a la escuela.

—¿Mi juego?

—Sí, imaginarme que voy a la escuela.

—¡Ah! -respondió su madre con cierta vacilación-. Muy bien. Cuando vuelvas de la escuela te daré un vaso de cacao y un trozo de tarta, como a Shirley y Martín. No te importará que me asome de cuando en cuando a la ventana del último piso, ¿verdad? Desde allí puedo ver justamente tu cabeza entre los maizales.

—¿Y podré llevar también una manzana a la escuela, como mis hermanos?

—Sí, una manzana y un pirulí, siempre que juegues a la escuela. Y puedes ir todos los días si no llueve.

Ray la miró, admirado. Su madre había inventado un juego para él, lo mismo que él había imaginado el juego del clik clok.

—Así no te importará no ir de verdad a la escuela hasta el próximo año.

Era maravilloso que su madre hubiera inventado el juego de la escuela. La abrazó, agradecido. Ella se levantó del suelo -le dolían las rodillas- y dijo:

—Ven conmigo a la ventana de arriba. Te quiero enseñar cómo puedo verte en el sendero.

Subieron al granero y, juntos, se asomaron a la ventana. Tan lejos como alcanzaba la vista se veían los valles y las colinas cubiertos de maíz. El sendero era como un trazo que partía el maizal; desde lejos semejaba un canal profundo entre el verde. Se veía a las codornices, volando de un poste a otro.

— Debía de haber subido un poco de agua jabonosa para limpiar los cristales. Apenas se ve a través de ellos —dijo madre. Levantó la barra y ambos se inclinaron hacia fuera.

—¡Que hermoso es, Raimie, el maíz que cubre valles y colinas!

Ray la oyó murmurar en voz baja un versículo de la Biblia. Las palabras eran tan bellas como los nombres de las carabelas de Colón: *Pinta, Niña, Santa María.* Apoyó la cabeza contra su madre.

—Repítelo, por favor -y ella repitió lentamente:

«En todas partes, las colinas se regocijan.
«Los pastos cubiertos de rebaños,
«los valles rebosantes de trigo,
«gritan y cantan de alegría.»

Las palabras que sonaban en sus oídos penetraron en la mente de Ray y quedaron allí, bien guardadas. La madre se levantó.

—Ahora -dijo suavemente-, bajas a la cocina, coges una manzana y un pirulí y vas a jugar al sendero. ¡Corre!

—¿Y el lavado?

—¡Ah! Ya bajaré a terminarlo.

—¿Sola? -preguntó el chico, asombrado.

—¿Acaso no has trazado para mí un recinto seguro? Entraré en el cuadrado y diré: «Clik clok». Y ya no tendré miedo.

—Sí -dijo Ray entusiasmado-. Y repíteme eso de las colinas que gritan de alegría y también cantan.

Mas no esperó, sino que se precipitó escaleras abajo.

El final del sendero

Ray cogió la manzana y el palo que dejó debajo del manzano roto. Le costaba trabajo agacharse porque se había metido tres pirulíes en un bolsillo y en el otro la manzana más grande que pudo encontrar; y ahora tenía que meter junto a ésta la que había recogido del suelo. Mas, a pesar de toda esta impedimenta, se acercó decidido al agujero, sujetando con firmeza el palo.

Junto a la madriguera, un faisán picoteaba la manzana que Ray había dejado para la mofeta. Los vivos colores del cuello del faisán danzaban al compás de sus movimientos; esto ahuyentaba el miedo que Ray pudiera sentir.

Al acercarse el muchacho, el faisán desapareció entre el maíz. Como si hubieran estado esperando su marcha, las dos codornices se posaron de nuevo en los postes y empezaron a cantar.

Ray cogió la manzana y la miró con curiosidad. Estaba llena de pequeños agujeros redondos que hizo el pico del faisán. «¿Les gustarán las manzanas a las codornices?», pensó Ray. Y, subiéndose a la valla, puso una manzana sobre el poste que había junto al agujero; bajó rápidamente y recogió el palo. Al pasar junto a la madriguera dijo, por si acaso: «Eres una mofeta simpática». Y se fue, saltando, sendero adelante, muy orgulloso de su valor por haberse acercado al agujero, y satisfecho también de haber tratado respetuosamente a la mofeta, como su padre le había aconsejado. Le costaba trabajo saltar, por el bulto que las manzanas hacían en su bolsillo y porque debía sujetar con la mano los pirulíes para que no se cayeran. Las codornices volaban de un poste a otro, una iba delante de Ray y la otra detrás.

Cuando llegó a un lugar que le pareció apropiado, se detuvo para jugar a que iba a la escuela. Con la punta del palo dibujó en el suelo un gran cuadrado. No como el de Clik clok. Tenía que ser mucho más grande para representar una clase. Dentro del cuadro grande dibujó muchos cuadrados pequeños, que eran pupitres y los asientos. En un ángulo trazó un óvalo; era la mesa con los platos. Estaba tan absorto en su tarea, con la lengua apretada entre los dientes, que ni siquiera tenía tiempo de contestar a los silbidos de las codornices. Pero en cuanto terminó se presentó a los pájaros: «Me llamo Ray Garroway».

No es que fuese muy divertido, pero no estaba mal gastar esa pequeña broma a las codornices. ¡Estaba tan quieto todo! El viento hacía susurrar al maíz. Ray miró en torno; pensaba silbar para que le contestaran las codornices, pero éstas se habían ido. Entró en el cuadrado y se sentó en uno de los cuadros más pequeños, que figuraba un asiento. Una vez hecho esto, ya no se le ocurría nada más; nada, sino quedarse allí sentado, escuchando el murmullo del viento en el maizal. Sacó un pirulí de uno de los bolsillos, pero ignoraba si lo podía chupar estando en la escuela. Seguramente no, hasta la hora de almorzar. Volvió a guardarlo.

El juego de la escuela perdió, súbitamente, todo interés. No se podía hacer nada más que estar quieto, sentado en el suelo, perdido en el silencio que le rodeaba a uno.

Este juego no servía. Lo había inventado su madre, pero, a pesar de eso, no servía. Tal vez los juegos solitarios debía inventarlos uno mismo. Él no conocía lo bastante bien una escuela como para saber qué se podía hacer en ella. De todos modos, aquellos dibujos ya no representaban nada; eran tan sólo rayas en el polvo. Estaba sentado, muy quieto. El maíz no susurraba y el viento había cesado. Negros cuervos cruzaban el cielo, en lugar de las codornices. Todo parecía esperar en silencio.

Ray pensó: «Volveré corriendo a casa para preguntar a mamá cómo se juega a ir a la escuela». Pero no se movió del cuadrado. La soledad y el silencio le asustaban y no se atrevía a pasar junto al agujero de la mofeta.

No era cierto que las colinas gritaban y cantaban de alegría. Pero, claro, ¡si es que no había colinas! Y cuando, la víspera, fue con su padre al arroyo, no escuchó, porque ignoraba que cantasen. Tal vez esa música se puede escuchar solamente en la soledad. Lo malo es que, estando solo, el silencio asusta.

No pudo resistir más. Tenía que escapar de aquella escuela, que ya no era otra cosa sino unas rayas en el suelo. Y corrió, jadeante, sendero arriba hasta que llegó a un sitio en que se veían las huellas de un tractor. Ahora la tierra estaba seca, dura, polvorienta, pero cuando el tractor había pasado por allí estaba húmeda, puesto que las ruedas habían dejado dos profundas rodadas.

De pronto imaginó un juego. Un juego alegre y ruidoso. Con los pies juntos saltó dentro de una de las rodadas; arrastró los pies adelante y atrás, para arrancar, para coger fuerza, y hacía un ruido, chuff-chuff, como si fuera un tren. ¡Eso es¡ Un larguísimo tren de mercancías del cual él era la máquina.

Todo ser vivo le oiría venir; y más valía que se apartasen de su camino: un tren no se podía desviar. Escuchó el ruido que hacían sus pies frotándose contra la tierra. El polvo surgía exactamente igual que el vapor entre las ruedas de una máquina. Pronto el silbido del vapor salía también de entre sus dientes apretados.

El poderoso tren se puso en movimiento. Lanzó un largo silbido, seguido de otro más fuerte, para advertir a todos que un tren se acercaba. Bajó la cabeza y se preparó para arrancar. Sus pies levantaron nubes de polvo y movía las manos, con un vigoroso impulso rítmico, atrás y adelante. No miraba a derecha ni a izquierda; el tren no debe mirar, son los demás quienes han de apartarse de su camino. Silbó una vez más y arrancó.

Al principio seguía las huellas del tractor en el sendero, pero después lo abandonó para comenzar a trepar una colina. La poderosa máquina tenía que esforzarse para arrastrar tan larga fila de vagones cuesta arriba. Ray bajaba la cabeza para tirar con más fuerza.

Conforme subía la colina, los surcos que había dejado el tractor se hicieron más superficiales y, al llegar a la mitad de la ladera, desaparecieron. El tren se tuvo que parar. Ray levantó la cabeza, pues había dejado de ser una máquina; ahora era un muchacho.

El sendero terminaba frente a la puerta de un cercado que rodeaba la cumbre de la colina. Y allí, en lo más alto, había un caballo que miraba a Ray. Era un caballo blanco, grande; lanzó un relincho y se precipitó, colina abajo, hacia la puerta del cercado.

Los cascos del caballo resonaban en el suelo. Ray recordó el terrible ruido que hicieran, días atrás, las pezuñas del toro y, como entonces, quedó petrificado. No podía correr, ni siquiera moverse. El animal chocó contra la puerta y la presionó con tal fuerza que el travesaño de arriba vaciló y se torció. La madera crujía y hacía rechinar la cadena que mantenía la puerta sujeta al poste.

La puerta iba a caer y entonces el caballo saltaría por encima. Ray dio la vuelta y quiso echar a correr, pero sus piernas se negaban a moverse. Oyó, tras sí, un largo relincho. El muchacho, sintiéndose indefenso, comenzó a llorar y miró hacia atrás, aterrado. La puerta no había cedido, resistía el empuje del caballo. Ray dijo: «¡Hola, caballo!», en el tono más amistoso que pudo, pero tan sólo se oía un hilo de voz. Tosió y repitió: «¡Hola, caballo!»

El animal le oyó. Irguió la cabeza y agitó la cola, azotándose los flancos con ella. Estos movimientos parecían indicar que se alegraba de oír la voz de Ray. Miraba al muchacho con sus grandes ojos y seguía empujando la puerta con el pecho. Se oyeron nuevos crujidos. De pronto, Ray tuvo una idea.

—¿Quieres un pirulí? -le preguntó- . Tengo también una manzana -luego se le ocurrió algo mejor-. ¡Ah!, se me olvidaba -continuó-. Dejé la manzana en el sendero. La ha picoteado un pájaro, pero eso no te hará daño. ¿Quieres que vaya a buscarla?

El caballo miró a Ray mientras agitaba la cola. Las dos manzanas hacían un gran bulto en el bolsillo del chico y el animal parecía darse cuenta de que el muchacho no iba a buscar la manzana picoteada, sino que correría a refugiarse en su casa.

—Te la traigo ahora mismo -dijo. Y en su voz se traslucía un sentimiento de culpabilidad.

Dicho esto se volvió para correr. La cadena chirriaba, la puerta crujía y el caballo seguía relinchando. Era un extraño sonido, algo así como la risa de un viejo. «Tal vez -pensó el chico-, si hago rodar una manzana por debajo de la puerta, mientras el caballo la come, puedo escaparme». Intentó, nervioso, sacar una del bolsillo, pero estaba tan justa que era difícil; sus dedos, torpes, no le obedecían. El caballo seguía observándole. Entonces Ray, desesperado, dio unos pasos hacia la puerta y echó los tres pirulíes al caballo.

En cuanto los caramelos tocaron la tierra, el caballo se apresuró a cogerlos con el morro. Trituró los tres, incluso los palos, entre los grandes y amarillos dientes. Al mascar dejaba caer trozos de caramelo, pero no soltaba los palos.

—No hagas eso, ¡Los palos no! Te harán daño.

Y miraba, consternado, al animal, que no dejaba de mascar. Si se tragaba los palos moriría. Y los había tragado ya, y ahora husmeaba el suelo para recoger los trozos de caramelo caídos.

Ray deseaba correr, pero permanecía clavado en el sitio. El caballo moriría, de seguro. Hacía tiempo, Martín le dijo que si tragaba el palo de un chupón, le atravesaría el estómago; dos días después le saldría por entre las costillas y se moriría. Y Shirley aseguró que era cierto; el tragar palos de un pirulí o chicle, causaba la muerte. Su madre le había advertido que nunca corriese con un chupón en la boca, porque se lo podía tragar. ¡Y el caballo se había tragado los tres palos!

De pronto se le ocurrió un pensamiento que le dio cierta esperanza. Las manzanas eran buenas para la salud. Tal vez si se las diera al caballo le salvaría de la muerte. Las sacó del bolsillo y las hizo rodar por debajo de la puerta. Comenzó entonces a correr, pero no pudo alejarse. Volvió y se quedó agazapado entre el maíz, observando.

El caballo comió las manzanas y se quedó inmóvil, con la cabeza apoyada sobre la puerta que, bajo la presión, crujía ligeramente. Y entonces, en medio del intenso, angustioso silencio, se escucharon extraños ruidos que procedían de las tripas del caballo. ¡Se moría! Ray se encogió aún más entre el maíz, mirando, lleno de remordimiento.

Súbitamente, el caballo enderezó las orejas, levantó la cabeza y la movió a un lado y otro, muy agitado. Comenzó a relinchar, trotando a lo largo de la empalizada. Un lejano relincho le res-

pondió desde el maizal; a éste siguió otro, que venía de una dirección distinta. El animal pateaba y se azotaba con la cola.

Shirley y Martín salieron del maizal, relinchando. La chica llegó la primera; traía la cesta con el almuerzo. Fue derecha al cercado y acarició al caballo. ¡No le tenía miedo! ¡Hasta le frotaba al morro! Luego corrió a la puerta. El caballo dio la vuelta y corrió junto a ella, por el otro lado de la empalizada. Shirley dejó la cesta en el suelo, y se encaramó a la puerta, a pesar de que el caballo estaba arrimado allí. En ese momento llegó Martín corriendo, pero su hermana le gritó:

—Es mi turno. El viernes montaste tú el primero.

Shirley saltó desde la puerta y se dejó caer sobre el lomo del caballo. Una vez allí, se enderezó y le gritó: «¡Arre, arre!»

El viejo caballo, meneando cabeza y cola, galopó a lo largo de la empalizada. Martín trepó a lo alto de la puerta para mirar.

Agazapado entre el maíz, Ray sentía tal emoción que temía que Martín le oyese respirar. Aquello era increíble. Le costaba trabajo no correr adonde estaba Martín, sentarse junto a él y acribillarle a preguntas. No podía, no debía hacerlo. Tenía que permanecer inmóvil escondido, porque si no Martín y Shirley pensarían que les estaba espiando, como había sucedido aquella misma mañana. ¡Y si se daban cuenta de que había dado los chupones al caballo! Ante esta idea se encogía todavía más.

Shirley volvía. Había dado la vuelta entera al terreno rodeado por la empalizada. El caballo se detuvo junto a la puerta y la muchacha bajó, sujetándose al travesaño más alto. Fue a buscar la cesta de la merienda, volvió con un bocadillo y se lo dio al caballo. Le dejó comer de su misma mano.

Martín había montado ya, mas esperó a que el animal hubiese comido el bocadillo. Entonces le dijo:

—Bien; ahora dame una vuelta y te daré mi bocadillo también. No tenemos manzanas hoy; las olvidamos en casa.

De modo que éste era el secreto, el verdadero secreto de sus hermanos. Le habían hablado del juego de los indios, de la liebre y del sabueso. Le explicaron también que hacían navegar latas por el arroyo, pero nada le dijeron del secreto más importante: que montaban a un caballo durante la hora libre que tenían para almorzar.

Era el turno de Martín, pero Shirley le suplicó:

—Subamos los dos, Martín. Déjame montar detrás de ti.

—No, es mi turno. Además, no podemos subir los dos en este

pobre caballo, viejo y flaco. No tiene nada que comer en este pasto; ha terminado con la hierba. Vamos, Shirley. No pretenderás que cargue con los dos habiendo comido tan sólo un bocadillo.

Shirley no discutió.

—Martín, vamos a pedir a mamá otro bocadillo extra. Así podemos dar al caballo dos bocadillos y una manzana cada uno.

—Es una buena idea.

Se disponían a cabalgar, cuando Shirley dijo:

—¡Mira, Martín! Hay tres palos de pirulí en el suelo.

Martín miró hacia abajo.

—¿Crees que Ray habrá estado aquí? ¿Y que habrá descubierto lo del caballo?

—No se atreve a venir hasta aquí. Es un bebé miedoso.

—Es verdad. Tal vez otros chicos también montan a caballo en secreto. Como no hay casas cerca y nadie lo ve, cualquier chico puede montar. Pero Rim no debe descubrirnos. Todo se lo cuenta a mamá.

—No -convino Shirley-. De manera que no se lo digas a Ray, ni siquiera cuando estés furioso conmigo, como hiciste con lo de echar los botes al riachuelo. Si mamá supiese que montábamos a caballo, se moriría del susto.

—Bien. ¡Como encuentre a Ray espiando por aquí..., ya se puede preparar!

Desde su escondite entre el maíz, Ray no pudo evitar que se le saltasen las lágrimas. Pero lloraba de alegría, porque el caballo no se había tragado los palos; los había escupido, después de mordisquear el caramelo. ¡Sintió tal alivio...! Era maravilloso.

—Martín -dijo Shirley-. Hay que volver a la escuela. Te desafío a una carrera. Apuesto a que corro más que tu viejo caballo.

Martín golpeó al animal con la mano abierta; le golpeó repe-

tidas veces, pero Shirley iba más de prisa. Adelantó al caballo, que empezó a correr detras de ella.

¡Qué emocionante era todo aquello! A Ray le costaba trabajo salir de su escondite, mas ahora que sus hermanos se iban, tenía que aprovechar para volver al sendero lo antes posible. No quería que volvieran a sorprenderle espiándoles. Fue siguiendo uno de los surcos de trigo y, al llegar al sendero, echó a correr.

En la cocina le esperaban el vaso de cacao y el trozo de tarta, tal como su madre le había prometido; y eran tan grandes como los de sus hermanos. Su madre entró.

—¿Te divertiste, Raimie? Seguro que sí, pues has jugado mucho tiempo. Pero... ¡Si es casi la una!

—Sí, me divertí mucho. He jugado a la escuela, al tren, y...

—Me alegro de haber discurrido un juego tan divertido.

¡Qué ricos estaban el cacao y la tarta! Mientras los paladeaba se sentía completamente feliz. Esto colmaba la alegría interior que le producía conocer el gran secreto del caballo. Martín y Shirley ignoraban que él lo sabía. De ahora en adelante iría diariamente a la colina y daría al caballo una manzana y un chupón..., pero sin el palo. Incluso treparía al último travesaño de la puerta para hablar al caballo, como lo hacían sus hermanos. Se lo contaría todo. En adelante tendría con quien compartir sus secretos. Mordió la tarta y preguntó, con la boca llena:

—¿Puedo volver al sendero esta tarde, a jugar a la escuela?

—Lo decidiré luego. Pero sí que podrás, siempre que no llueva. Es otoño y el tiempo será cada vez más húmedo y frío.

Pero el frío y la humedad le parecían muy lejanos al muchacho. Dio un gran mordisco a la tarta.

El caballo en la colina

Ni Shirley ni Martín habían pensado en ello; se le ocurrió a él, a Ray, durante la noche. Le despertó la luz de la luna, pero no estaba asustado, sino alegre. Contento por haber encontrado al caballo y porque éste no se había tragado los palos de los chupones, que le hubieran matado.

El pensamiento le llenó de alegría, tanto, que saltó de la cama y corrió a la ventana, con la esperanza de poder ver al caballo, en la lejana colina, a la luz de la luna. Tan sólo veía maíz, pero imaginó que veía la colina y al caballo, resplandeciente de blancura, a la luz de la luna. Se lo imaginaba durmiendo de pie, pues los caballos, según le dijera su hermano, dormían así.

Mientras permanecía en la ventana, en plena oscuridad, imaginando estas cosas, le vino la feliz idea, con tal viveza como si fuera pleno día. ¡Aquella colina era la que gritaba y cantaba de alegría! Pues él mismo, aquí en su habitación, a pesar de que debía permanecer inmóvil para no descubrir que había saltado de la cama, cantaba por dentro porque había encontrado al caballo. Lo mismo les debía pasar a las colinas.

Grandes nubes corrían por el cielo. La noche estaba tranquila y misteriosa. Y entonces se le ocurrió la idea: Daría maíz al caballo.

A sus hermanos no se les había ocurrido eso. Habían arrancado tallos de maíz para meterlos por el agujero de la mofeta y no se les ocurrió arrancarlos para alimentar al pobre caballo, tan viejo y flaco. No le daban más que un bocadillo y a cambio de eso montaban sobre él. Pero, ¿qué era un bocadillo para un animal tan grande?

El muchacho veía, en su mente, el pasto de la colina. La hierba estaba rapada porque el caballo se la había comido. ¡Claro! Por eso, en torno al cercado, había una franja de tierra sin maíz. Cuando terminó de comer la hierba, el caballo estiró el cuello fuera de la empalizada y comió todo el maíz que pudo alcanzar.

Tan sólo más allá de los postes quedaban dos o tres matas de maíz. Ahora sabía la causa. El caballo no podía llegar hasta aquellos tallos. Y entonces se le ocurrió el plan maravilloso. Arrancaría todos los tallos que había junto a los postes y se los daría al caballo. Tenía ganas de cantar. Por la mañana ralizaría este plan proyectado durante la noche. Se metió en la cama lo más aprisa que pudo, como si esto hubiera de acelerar la llegada del alba.

Era increíble que, con aquellas ideas tan emocionantes danzándole en la cabeza, se hubiera quedado dormido hasta tan tarde. Cuando bajó a la cocina sólo encontró a su madre.

—Qué cara tan alegre traes. ¿En qué estás pensando?

—Madre, ¿puedo..., puedo llevar hoy dos manzanas y dos pirulíes? Y ¿puedo ir a jugar al sendero en cuanto haya desayunado?

Su madre le besó, riendo.

—¿Puedo hacerlo, madre? -reiteró Ray.

—No te daré ni una migaja para desayunar, ni una manzana para el juego de la escuela, a no ser que me des un beso.

Ray la besó y, sentándose a la mesa, preguntó:

—¿Se han ido ya a la escuela Shirley y Martín?

—Sí. Uno de los vecinos los ha llevado en su coche. Volverán por carretera también, pues quieren parar en una tienda y comprar arenques ahumados y sardinas. Como uno de sus nuevos amigos toma arenques para desayunar -debe de ser escocés-, ahora Shirley y Martín querrán tomarlos todas las mañanas. Y para almorzar, bocadillos de sardina...-torció el gesto-. No puedo soportar el olor de arenques calientes por la mañana. Menos mal que tú y yo no los comeremos.

—¡Ah! Yo también los comeré.

Sin duda Shirley y Martín habían perdido las latas y necesitaban nuevas carabelas; pero no podían decírselo a su madre. Y si hacían navegar sus barcos, tal vez no montasen en el pobre caballo tan flaco. Ray se encontraba muy dispuesto a ayudar a sus hermanos a obterner latas vacías. Y repitió:

—Tomaré arenque ahumado para el desayuno. Y puedo también comer bocadillos de sardina a mediodía.

Madre le miró con extrañeza.

—¿También tú, Raimie? Tenía una lata de arenques para esta mañana y todavía queda un poco, pero no la voy a calentar otra vez. Ya me puse casi enferma antes.

Ray contestó que lo comería frío.

—Muy bien. Ya veo que tienes que hacer todo igual que Martín y Shirley.

Después del zumo de naranja, los copos de avena y el cacao, el arenque no sabía muy bien, pero Ray lo engulló sin poner cara rara. Así habría más botes para hacerlos navegar por el arrollo.

—No te apresures tanto -dijo su madre-. No hay prisa.

Es que ella no sabía...

Cuando Ray llegó a la cumbre de la colina, el caballo estaba esperándole en la puerta del cercado. Saludó al chico con un relincho.

Ray le dijo, sin aliento:

—Mi madre me dejó salir en cuanto desayuné y me dio dos manzanas y dos chupones, pero yo te voy a buscar maíz.

El chico ardía en impaciencia por realizar su maravilloso plan. Corrió a lo largo del cercado y el caballo le siguió desde el otro lado, moviendo la cola. Entonces Ray se lo explicó todo.

—Después del maíz, comeremos las manzanas y los pirulíes. Tengo dos de cada. Me costó conseguirlos -rio-. ¿Sabes lo que dijo mi madre? Que dos manzanas me darían dolor de estómago.

Parecía que el caballo comprendía las palabras de Ray, pues asomó la cabeza entre los alambres espinosos y alargó el morro hacia el bolsillo de Ray, como si supiera que allí estaban las manzanas. Ray se apartó y, sin darse cuenta, empujó la cabeza del caballo, alejándola de su bolsillo.

—No me sobes así -le dijo.

El caballo retiró la cabeza y, al mirarle Ray, se dio cuenta de que le caían de los ojos grandes lágrimas. Daba pena ver llorar a un caballo porque le hubieran empujado. El chico se sintió avergonzado:

—No quise molestarte -dijo.

Tan apenado estaba, que sacó una de las manzanas y la hizo rodar por debajo del cercado. El caballo la cogió con la boca y comenzó a mascarla. Entonces a Ray se le ocurrió que sería estupendo, no sólo hablar al caballo, sino comer al mismo tiempo que él. Sacó un pirulí y empezó a chuparlo mientras el caballo comía la manzana.

Al ver esto, el animal tragó apresuradamente la manzana y se asomó al otro lado del cercado para coger el chupón de Ray. Intentaba, con tal afán, alcanzarlo, que el chico se lo ofreció. Se acordó del palo y, aunque sentía miedo, lo mantuvo sujeto. El caballo arrancó la bola de caramelo, dejando el palo en la mano de Ray. Era emocionante. Había dado de comer al caballo de la mano, tal como lo hiciera Shirley. Estallaba orgulloso; tiró el palo al maizal, con toda su fuerza. El caballo seguía mascando. ¡El chupón debía de parecerle tan bueno, tan dulce!

En ese momento se acercaron, volando, las dos codornices y, posándose en los postes de la puerta, empezaron a cantar. ¡Le habían seguido y le habían encontrado! Ray se lo contó al caballo.

—Mira. Han venido también las codornices; ya no se siente uno solitario. Tampoco a ti te gusta la soledad, ¿verdad?

Las codornices se alejaron; tal vez fuera porque Ray habló con el caballo en lugar de contestar a su canto. Pero es que no se podía hablar con una codorniz lo mismo que con un caballo.

Ray agarró un tallo de maíz, junto al primer poste, bajo los ojos vigilantes del caballo. Mas por mucho que tirase, el tallo no salía. El chico se inclinó y agarró el tallo junto a la raíz, pero no conseguía arrancarlo por mucho que forcejeaba y tiraba. Era asombroso lo muy arraigado que estaba. Tiró con más fuerza. De pronto, el tallo cedió y salió con toda su raíz y la molla de tierra. Fue tan inesperado que Ray se cayó de espaldas, con el tallo de maíz, que tenía tres veces su altura, aferrado en las manos; la punta cayó sobre la alambrada. El caballo la cogió entre los dientes, arrastró el tallo hasta el pasto, por encima de la alambrada, y comenzó inmediatamente a comerlo. Al darse cuenta de lo hambriento que estaba el caballo, Ray se levantó de un salto y arrancó otro maíz. Era un trabajo muy importante y que exigía esfuerzo.

Mientras el caballo comía el tercero y último tallo del primer poste, Ray corrió hacia el siguiente. Allí había cinco plantas de maíz. Forcejeó y tiró, jadeante. Su respiración eran tan ruidosa que el caballo tenía que darse cuenta del trabajo que estaba tomándose por él. En efecto, le oyó y vino corriendo, sin haber terminado de comer el último tallo.

¡Este sí que era un buen juego! Y era buena cosa alimentar al caballo con comida adecuada. Ray volvió a dejarse caer de espaldas con el tallo de maíz; lo hizo a propósito, para que el caballo se diera cuenta de lo que costaba arrancarlo, y también porque le divertía que el animal arrastrara la planta, con raíces, tierra y todo, por encima de él. Pero el caballo sólo comía la parte buena, y dejaba las raíces manchadas de tierra.

Ray se dirigió al poste siguiente. Llevaba cuenta de los tallos que el caballo había comido: eran ocho. Los contó con los dedos antes de ponerse a arrancar junto al tercer poste. Pensaba coger los maíces que había alrededor del cercado.

—Te vas a quedar satisfecho -prometía al caballo-. Gordo y ahito.

Pero el esfuerzo era cada vez más penoso; la tierra que salía entre las raíces pesaba más y más. Ray se cansaba y el caballo parecía también cansado de comer. Cada vez comía más despacio y, finalmente, abandonó los maíces en el suelo. Olfateó el último tallo, mordisqueó una hoja, pero nada más. Lanzando un resoplido, trotó hacia la puerta, se paró y miró hacia Ray, como si esperase.

El muchacho avanzó lentamente. Estaba muy cansado. ¡Qué agradable sería sentarse en la puerta y hablar al caballo! ¿Se atrevería? Shirley lo hacía y no era más que una chica.

La puerta no se bamboleaba tanto como Ray había temido. El caballo permanecía muy arrimado a ella y esto le daba estabilidad. Escalar los travesaños era tan sencillo como subir una escalera. Llegó al último y se sentó con una pierna a cada lado. Estaba más alto que el animal, podía acariciarle el cuello y la crin, pero no se atrevía. Estaba tan cerca del caballo que, si se inclinaba un poco, le podía hablar al oído. Le dijo:

—¡Hola, caballo! Estoy más alto que tú.

Entonces se dió cuenta de que no sabía el nombre del bruto. Mientras lo pensó, el animal permanecía inmóvil, junto a él, agitando la cola. Parecía tan adormilado el caballo, que Ray se atrevió a tocarle la crin con la punta de los dedos.

—¿Sabes cómo voy a llamarte? Rim, The Rim. Es el nombre que me da Martín cuando quiere hacerse el gracioso, pero no me gusta -rio-. Así te llamaré, puesto que ignoro tu nombre. Yo te bautizo, The Rim - dijo con solemnidad, tocando la crin del caballo.

En ese momento, The Rim lanzó un bufido y levantó la cabeza, rozando con el cuello la mano extendida de Ray. El chico intentó con desesperación asirse al último travesaño de la puerta, pero falló. Cayó hacia adelante ..., sobre el caballo. Se agarró atemorizado a la crin, luego echó las manos en torno al cuello, gritando. En el silencio se oían sus gritos sobre el maizal.

El viejo caballo no se movió. Quieto, paciente, parecía esperar. Cogiéndose al cuello del animal, Ray intentaba subirse de nuevo a la puerta. Tocaba con los pies el travesaño, pero no se atrevía a soltar las manos. Con un gran esfuerzo se irguió hasta quedar sentado, para llegar a la puerta, como lo había hecho Shirley. Pero sus manos no soltaban la crin, de manera que se quedó sentado ... sobre el caballo.

Era una aventura emocionante; estaba excitado y al mismo tiempo sentía miedo y frío. El caballo notó a Ray asentado sobre su lomo y se puso en movimiento. Ray, con su más persuasivo acento, dijo:

—No es preciso que me des un paseo, te aseguro que no. Te daré una manzana.

Pero el animal no escuchaba. Quería dar un paseo al chico. A los pocos pasos, Ray no sentía tanto miedo y pronto lo pasó bien, aunque todavía un poco asustado. El caballo iba al paso, muy lentamente, a lo largo del cercado. Incluso sorteaba el pequeño obstáculo de los tallos de maíz abandonados, para no tropezar. Marchaba con precauciones extraordinarias.

Era increíble y Ray iba asustado, pero orgulloso. Felicitaba al caballo, con voz agradecida, sin soltar su crin. Al caballo no parecían importarles los tirones. ¡Era fantástico! Al fin, Ray se atrevió a levantar la vista y miró a su alrededor. Estaban rodeando la cumbre de la colina. Más allá del maizal veía un grupo de árboles al pie de la colina, y la carretera y un gran tejado rojo. Debía de ser el de la escuela. Allí estaban Martín y Shirley, mientras él montaba a caballo.

Pasaron al otro lado de la colina y vio el tejado de su propia casa y la ventana de la buhardilla. Allí estaba su madre lavando; podía verla. Estuvo a punto de gritar: «Mira, mira, madre.» Pero

se dio cuenta de que así como él podía ver a su madre, ésta no le veía a él. Además lo que hacía era un secreto. Y asustaría al caballo si gritaba. Si, era magnífico ver a su madre sin que ella le viera, montado en el caballo.

Al llegar a la puerta, el caballo se paró, a fin de que Ray se bajara, tal como lo hacía Shirley. Imitándola, Ray se cogió al travesaño más alto de la puerta y se dejó caer. Una vez sentado en lo alto de la puerta, se dirigió al animal.

—Eres un buen caballo. Has sido muy cuidadoso, The Rim. Y lo he pasado muy bien; sólo tuve un poco de miedo al principio.

Sacó la manzana del bolsillo. Ahora que había montado al caballo, no le daba miedo poner la manzana en la palma de su mano y ofrecérsela a The Rim. Este aproximó el morro tembloroso. Ray sintió su húmeda suavidad que rozó la piel para coger la manzana.

Después, Ray sacó el pirulí y esperó a que el caballo acabara de comer la manzana. Le daría el caramelo también. Pero como sentía la boca seca, lo chupó varias veces antes de ofrecérselo al animal.

Le entró un gran deseo de correr a casa, junto a su madre, a pesar de que no le podía decir nada de su paseo a caballo. ¡Qué difícil le iba a ser mantenerlo en secreto! Tenía que darse prisa. Intentó explicárselo al caballo.

—Desde tu lomo podía ver a mi madre que estaba limpiando la ventana. De modo que tengo que correr porque llevo mucho tiempo fuera. Si mi madre supiera que te he montado..., bueno, se moriría de miedo. No tanto -se rectificó rápidamente-. Así es como habla Shirley. No se moriría de verdad, ¡pero se asustaría tanto! Los animales, aún los más pequeños, le dan mucho miedo. No me dejaría venir aquí nunca más.

Se bajó de la puerta. Aún después de la explicación se le hacía duro marcharse. El caballo ya no relinchaba. Tenía aspecto soñoliento, seguramente porque había comido demasiado maíz. De pronto, Ray dio la vuelta y echó a correr; de otro modo no se hubiera decidido a marcharse. Cuando llegaba a la mitad del sendero se acercaron las codornices. Pero él corría tanto que las aves no tenían ni tiempo de posarse en los postes para cantar.

¡Había montado a caballo! Y lo podía hacer todos los días. Bueno, excepto el sábado y el domingo porque entonces sus hermanos estaban en casa; pero todos los demás días lo haría.

¡Qué estupendo! Cantaba y danzaba mientras corría por el sendero.

El sombrero en el sendero

—Septiembre y octubre -decía madre mientras desayunaban- son meses deliciosos. ¿Os dais cuenta de que llevamos un mes viviendo aquí y todos los días, sin dejar uno, han sido serenos y templados y ha lucido el sol? Días plenos de belleza y dulce nostalgia, con una ligerísima neblina flotando sobre los sembrados. Septiembre y octubre son deliciosos, mas pronto vendrán las lluvias y después el invierno.

Era domingo y todos estaban en la cocina. Madre parecía hablar consigo misma, nadie escuchaba: Ray, sin embargo, se deleitaba con la belleza de las palabras.

Padre protestaba de tener que desayunarse con arenques fritos, en un día de fiesta, sólo porque Martín y Shirley se empeñaban en ello.

—Bien, me resigno, los comeré -se dirigió a su mujer-. Es fiesta para ti también, y si tienes que preparar cosas distintas para cada uno de nosotros...¿Crees que tu madre es una cocinera? -increpó a Shirley.

La muchacha se puso colorada hasta la raíz de los cabellos y Martín bajó la vista.

Ray sabía que se sentían culpables, pues sólo querían comer arenques para guardarse las latas.

—Supongo, jovencito -dijo padre a Ray-, que tú no tomas arenques. Tu madre te pondrá otra cosa.

—No le importa. Desde hace tres días come arenques sin protestar. Pero yo tomaré huevos cocidos, así que si Ray quiere...

Ray pensaba en las frases de su madre sobre septiembre y octubre, la belleza del campo, la húmeda neblina. Todo era cierto. La semana última había sido la más hermosa de su vida, con los paseos a caballo, dando maíz, manzana y chupones a The Rim y hablando con él. Decidió tomar huevos, como su madre.

—Se presiente ya el invierno -continuó madre, mientras manipulaba en el hornillo-. Se nota. Incluso los ratones abandonan el campo. Vienen a centenares al viejo sótano.

—El olor de arenque frito que sale por todas las grietas de esta casa los atrae -padre tomaba el pelo a Martín y a Shirley-. ¿Cuántas Santas Marías necesitáis?

— ¿Qué dices de Santas Marías? —preguntó madre, mientras colocaba los platos sobre la mesa.

—¿Qué? ¿No te has dado cuenta? Tenemos que comer arenques para que los chicos tengan latas y las hagan navegar por el arroyo como si fueran barcos.

—¡No! Y yo que he soportado las náuseas que me dan, para esto. No veréis ni un arenque más en ésta casa.

Shirley y Martín dirigieron a Ray miradas iracundas. Estaban furiosos con él porque había descubierto el secreto a su padre. También sentían indignación contra éste por lo que había dicho; ahora su madre sabía que la habían estado engañando. Pero como no se atrevían a demostrar su enfado con su padre, lo pagaban con Ray, mirándole amenazadores.

Padre no se daba cuenta de nada.

—Lo que no comprendo es que no se tomen la molestia de

buscar los botes cuando se les hunden. Cuando los nuestros naufragaron aquel domingo, nosotros los rescatamos después de los oficios, ¿verdad, Ray? No obligamos a todo el mundo a comer arenques y sardinas.

—Así que el domingo, tú y Ray estuvisteis haciendo navegar latas de sardinas en lugar de ir a la iglesia -se indignó la madre.

—Lo hicimos antes de ir a la iglesia y a la vuelta -padre parecía un chiquillo travieso al que hubieran atrapado. Miró a Ray y se llevó la mano a la boca-. ¿No te lo había dicho Ray? Pues he de reconocer que sabe guardar un secreto mejor que yo.

Ray miró a sus hermanos a los ojos. Ahora sabrían que podía guardar un secreto y que no iba con cuentos.

—Hoy iremos todos juntos a la iglesia -anunció la madre-. No lo digo para impedir que echéis latas al arroyo, nada de eso. Es que me gustaría ir a la iglesia en familia; también deseo que Ray vaya a la escuela dominical. Es muy temprano todavía y me gustaría dar un paseo por el campo. Noto que el tiempo va a cambiar; son los últimos hermosos días de otoño. El invierno está ya cerca.

Padre accedió gustoso, inmediatamente. En cuanto terminaron de desayunar se prepararon todos. Ray le daba vueltas a un pensamiento. «¿Cómo se las arreglaría para dar de comer a The Rim?» Había supuesto que iría a la iglesia con su padre y, en ese caso, mientras su madre, Martín y Shirley estaban en el segundo servicio, pensaba subir corriendo a la colina y dar de comer a The Rim. Incluso pensaba descubrir el secreto a su padre; tal vez le hubiera mostrado el caballo y le habría preguntado montones de cosas. Pero si iban todos juntos a la iglesia no había ninguna posibilidad de ver al caballo, que pasaría hambre todo el día. Su plan fracasaba.

—¿Estás disgustado, Ray? -preguntó madre- ¿No quieres

venir a la iglesia con nosostros? Tienes un aspecto muy pensativo. ¡Anda! Ponte los zapatos.

—Sí, mamá.

Se inclinó para ponerse los zapatos y para ocultar el rubor que sentía en las mejillas. The Rim pasaría hambre todo el día; él ignoraba que era domingo y que los domingos todo es distinto.

—Necesitas dos zapatos para ir a la iglesia -la voz de su padre, encima de su cabeza, le sobresaltó—. Y no te pondrás el segundo si continúas mirando tan fijamente el primero.

No siguieron la ruta habitual para ir a la iglesia. Padre dijo que deseaba rodear el maizal para darse cuenta de su extensión; madre se fijaba en todo lo que veía junto a la carretera. Ray, sentado delante, entre sus padres, no podía ver gran cosa. Detrás, Shirley y Martín jugaban a algo, hablando en voz baja; ni siquiera se fijaban en las cosas que les señalaba su madre.

—¡Mirad! - dijo madre-. Empiezan a segar el maíz con grandes máquinas. Qué pena da ver las plantas caídas y chafadas. ¡Estaban tan esbeltas! Pero ha llegado el momento de la siega.

—Ayer, cuando volvía a casa -dijo padre-, me dí cuenta de que habían empezado a segar al otro extremo del campo. Así terminarán antes; ya es hora. Me preguntaba cuándo iban a comenzar. Ahora no hacen más que arrancar las hojas y segar el maíz. En mi tiempo lo cortábamos a mano y lo atábamos en gavillas. Suponía semanas de trabajo.

—Papá, estás anticuado -dijo Shirley.

—Sí; es un viejo colonizador -añadió Martín. Y ambos reían. Pero su padre estaba tan absorto mirando el maíz y la moderna maquinaria, que no les oyó.

—¿Cortarán también el maíz alrededor de nuestra casa? -preguntó Ray.

—Todo - respondió madre-. Ya no estaremos rodeados de un mar verde. Veremos tan sólo campos desnudos. Luego vendrán el invierno y la nieve.

—Como han comenzado a segar por los dos extremos del campo, calculo que terminarán junto a nuestra casa.

—Da pena -comentó la madre-. Estaba tan alto, verde y erguido...Bueno, ya es hora de que vayamos hacia la iglesia. Ray, hoy es el último día que puedes llevar ese sombrero. No comprendo qué idea tuve de comprarlo justamente al comenzar el otoño; ¡pero era tan gracioso!

Ray, quieto entre su madre y su padre, se sentía disminuido. En el asiento trasero sus hermanos charlaban y reían. Hoy, como venían todos juntos, tendría que sentarse entre sus padres en la iglesia. ¡Como si no supiera comportarse como era debido! Pero Shirley insistía en ello siempre que iban juntos. Y todo porque una vez, de pequeño, había hablado en voz alta y se había reído. Pero fue porque Martín le hizo cosquillas.

Fue horrible. Shirley se puso encarnada como una amapola. Madre dio un codazo a papá y éste, le hizo levantarse y colocarse entre ellos dos, mientras la gente se volvía y le miraba.

Al acordarse de esto se le ocurrió un plan. Si se sentaba, sin protesta, entre sus padres, y pedía permiso para volver a casa con ellos en lugar de quedarse a la escuela dominical... Entonces, si accedían, podía coger una manzana, ir corriendo a la colina mientras sus hermanos estaban en la escuela, y darsela a The Rim y un poco de maíz. No tendría tiempo de arrancar tallos enteros. Cortaría algunas hojas y explicaría al caballo que era domingo.

Suspiró con deleite. Era un plan completo y perfecto.

—¿Por qué estás tan quieto, Ray? -preguntó su padre.

—¿Puedo sentarme entre mamá y tú en la iglesia?

—¿Para que no me duerma? ¿Me vas a pinchar con un alfiler?

Shirley y Martín rieron. Su madre le pasó el brazo alrededor de los hombros.

—Me alegro de que vengas a la iglesia con nosotros. ¡Vamos juntos tan pocas veces!

¡Cuánto le hubiera gustado poder hablar a su madre del caballo! Y a su padre también.

Se acurrucó contra su madre.

—¿Puedo volver a casa con vosotros y dejar de ir, solamente hoy, a la escuela dominical?

—¿Por qué no quieres ir a la escuela, Raimie? -preguntó su madre suavemente.

Yendo así, apretado contra ella, no le importaba que le llamase Raimie delante de sus hermanos. En voz baja, para que nadie más que ella le pudiera oír, dijo:

—Me gustaría bajar por el sendero, porque están segando el maíz y todo parecerá distinto.

Eso era verdad. También era cierto, que deseaba llevar una manzana a The Rim y darle maíz, pero esto no lo podía decir.

Madre meditó durante un rato.

—Bien. Puedes hacerlo por esta vez. Será tu último paseo entre los maíces. Mañana o pasado lo habrán segado y ya no lo podrás ver igual hasta dentro de un año.

Lo había conseguido. Su plan se realizaba. Dio un suspiro de satisfacción y se recostó en el asiento.

A la salida de la iglesia las cosas no sucedieron como Ray había previsto. Cuando llegaron a casa, madre salió del coche, miró al cielo y dijo:

—Si quieres darte un último paseo por el sendero, contemplando el maíz, Ray, vale más que te des prisa. Va a llover.

El padre, que estaba absorto mirando el maizal, levantó la vista y corroboró:

—Sí, de seguro que lloverá. Y pronto. Me mojaré cuando vaya a buscar a Martín y Shirley.

Los dos permanecían inmóviles, mirando alternativamente el maizal y el cielo. Madre dijo:

—A mí también me gustaría dar un paseo. Nunca he estado en el sendero.

—Muy bien; lo daremos. Pero después de que tome café.

—Mejor será que te adelantes, Ray. Y vuelve en seguida. No corras ni trepes con tu ropa buena.

—No, madre -prometió, obediente.

Cuando sus padres le perdieron de vista, Ray empezó a correr lo más aprisa que pudo. De pronto se paró en seco. Los tallos de maíz que sobresalían de la madriguera de la mofeta, se agitaban. Veía una cosa blanca y negra. Con el corazón latiéndole precipitadamente, Ray avanzó unos pasos, luego se detuvo. ¿Y si fuera una mofeta? Su padre había dicho que eran blancas y negras, a rayas. Dejó de verla. Se habría escondido.

¿Qué ocurriría si la mofeta hubiese vuelto a su madriguera y no pudo entrar a causa de los palos de maíz? Ray no podía explicarle que no había sido él, sino sus hermanos quienes los habían puesto. No podía tampoco decirle que él siempre la había tratado con respeto; que le había dirigido frases amables, no insultos, como Martín. A una mofeta no se le podía explicar nada. De todas maneras, ahora no estaba allí, pronto llovería y si quería ver al caballo... Para darse valor, Ray entrecerró los ojos, de manera que sólo veía lo que tenía delante. Entonces pasó, a todo correr, junto a la madriguera, sujetándose el sombrero con una mano para que no volara con la velocidad de la carrera.

The Rim le esperaba a la puerta del cercado. Bajó la cabeza para que Ray pudiese acariciar su cabeza huesuda y su morro suave. Olfateó el bolsillo del chico buscando la manzana. No podía creer que no la llevase. Para convercerle, Ray sacó hacia fuera el forro de los bolsillos.

—Es domingo -explicó-, y los domingos son días diferentes a los otros. No puedo quedarme contigo. Apenas tengo el tiempo justo de cortar para ti unas hojas de maíz. Si arrancase los tallos me ensuciaría y no puede ser, pues llevo mi traje nuevo.

The Rim resopló y sacudió la cabeza; de pronto, alargó el cuello y cogió con los dientes el sombrero que Ray llevaba puesto. El chico dio un salto y lo agarró con ambas manos, pero ya el caballo había arrancado un trozo del ala con sus dientes amarillos. Ray se sintió desfallecer; miraba, consternado, su destrozado sombrero. La cinta, toda mojada, estaba colgando y el caballo masticaba la paja.

Era lo peor que podía haber sucedido, y precisamente el domingo. Ray no podía llorar, ni reñir a The Rim..., ni siquiera se sentía culpable. No había nada que hacer, la cosa era irremediable y todo se descubriría. Ray estaba tan desolado que ni siquiera tuvo ánimo para acercarse a los maíces y cortar hojas para el caballo. Dio media vuelta y echó a correr. The Rim no relinchó para despedirle. Estaba demasiado ocupado en comerse el ala del sombrero.

Ray miró hacia atrás, pero ya no vio a The Rim. Súbitamente, sin un signo ni un ruido precursor, comenzó a llover. El cielo estaba negro: en pocos minutos Ray quedó empapado. La vida, en aquellos momentos, le parecía sombría y sin esperanza. Llevaba en la mano los destrozados restos del sombrero. Al llegar a la madriguera de la mofeta vio tras sí, medio oculto por un poste, el bicho blanco y negro. Le seguía; después despareció otra vez.

¿Y si la mofeta le perseguía porque no podía entrar en su agujero para guarecerse de la lluvia? Para demostrarle que la culpa no era suya, se le ocurrió una idea. Corrió hacia la madriguera, agarró con ambas manos los tallos de maíz y, arrancándolos del agujero, los tiró al suelo. Pero ahora, una vez libre la entrada, el agua penetraba sin obstáculo. Y la mofeta le había visto quitar los tallos. Entonces tuvo una idea genial. Para proteger la entrada de la madriguera, puso encima de ella su mordisqueado sombrero.

Cuando Ray cruzaba el patio a todo correr, oyó las voces de sus padres que le llamaban. En cuanto le vieron, madre le abrió la

puerta. Ray estaba chorreando y todo manchado de barro. Las primeras palabras que su madre pronunció, fueron:

—¿Dónde está el sombrero?

No se le ocurrió nada que decir. Se tocó la mojada cabeza, como si acabara de darse cuenta de que no llevaba el sombrero.

—Está en el sendero. Llovía tanto, tenía que correr, y...

Sus padres le miraron. No tuvo más remedio que confesar, mientras su madre le quitaba la ropa empapada.

—Papá, ¿te acuerdas del agujero de la mofeta de que te hable? Pues la mofeta volvió. Era blanca y negra como tú me dijiste. Y recordé que me habías aconsejado que tratara siempre a las mofetas con respeto, de modo que saqué los tallos de maíz para dejarle la entrada libre, pero entonces caía tal cantidad de agua que puse el sombrero encima para evitarlo.

—Desde luego, te mostraste respetuoso con la mofeta.

Su madre se indignó.

—A quién se le ocurre dejar un sobrero recién estrenado en la madriguera de una mofeta...

—Tú misma dijiste que éste sería el último domingo que se lo ponía -le recordó su marido, divertido por lo sucedido.

—¡Eso es! Defiéndele. ¡Mira que jugar con una mofeta!

—No te preocupes. No sería una mofeta. Las mofetas no se escapan y se meten entre el maíz. Tal vez era un gato que se divertía agitando los tallos. Ray ha imaginado todo lo demás.

Madre sacudía la cabeza.

—Sois unos chiquillos los dos. Tu padre te defiende. Y tú debes creer que hiciste una cosa maravillosa. Vete a la cama. Es un castigo y te vendrá bien para calentarte después de este remojón.

Ray subió y se metió en la cama sin la menor protesta. Había conseguido ocultar el gran secreto del caballo.

Lluvia

Ray se precipitó escaleras abajo, buscando a su madre. Estaba sola en la cocina, tomando una taza de café. El chico señaló hacia la ventana.

—Está lloviendo -dijo.

Debía de ser muy tarde. Padre había salido para emprender su trabajo semanal; Shirley y Martín estaban en la escuela. Madre tenía en el regazo un montón de cuerdas para la ropa.

—Buenos días -dijo.

—Está lloviendo mucho. Acabo de levantarme, he mirado por mi ventana y he visto el trigo tumbado. ¡Cómo llueve, y qué viento!

La cocina estaba caliente. Se oía el golpear de la lluvia y el viento contra los cristales.

—¿No sabes lo que ha pasado? No, claro, a ti nada te despierta. Se conoce que se han apurado al ver que empezó a llover y han apresurado la siega. Las máquinas que vimos ayer al ir a la iglesia han trabajado durante toda la noche; grandes camiones cargados de mazorcas doradas iban y venían. Se podía ver como en pleno día, pues habían colocado focos. No he dormido en toda la noche con tanto ruido, trepidar de máquinas y agitación. Y ahora tengo que hacer la colada.

—No he oído nada. ¿Por qué no me avisaste?

—Pensé despertarte, pero temí que el espectáculo te sedujera tanto que no durmieses en toda la noche, y el sueño es muy importante; pero ahora siento que no lo vieras. Merecía la pena.

Una nueva ráfaga de aire sacudió las ventanas. Ray miraba al exterior con tristeza. No podía ir en busca de The Rim. Era inútil pedir permiso; madre nunca le dejaría salir con tal aguacero. Los empañados cristales chorreaban agua, y el campo ofrecía un aspecto frío y desolado. El caballo no había comido nada la víspera, excepto un trozo del sombrero de paja.

—Bueno -dijo la madre, cogiendo las cuerdas enrolladas en su regazo y levantándose lentamente-. Iba a subir al desván a colocar estas cuerdas para tender la ropa. No es cosa de esperar a que cese la lluvia. La radio anunció que continuaría todo el día, tal vez incluso toda la semana, mezclada con granizo y aguanieve. ¡Qué cambio! Hasta ahora el tiempo había sido maravilloso. ¿Quieres venir conmigo? No pareces tener hambre. Además falta poco para el mediodía. Tal vez tu padre venga más tarde. Hoy está en una conferencia de ventas.

Al subir al desván oyeron el golpear de la lluvia en el tejado; parecía como si el agua cayese en la misma escalera. Madre se dirigió a la ventana que daba al maizal y Ray la siguió. Con aquel tiempo inclemente el campo aparecía desnudo y desolado. Los maizales, tan erguidos poco antes, tumbados ahora sobre la tierra, se empapaban en agua y barro. Sólo se destacaba en el horizonte, la verticalidad de los postes del cercado. Ray se esforzaba por ver, a través de la lluvia, la colina donde estaba The Rim, pero no pudo.

—Es triste, ¿verdad? ¡El maíz estaba tan alto! Parecía un ejército con sus estandartes ondeando al viento. Y ahora yace derrotado, caído en el lodo -su voz era triste y repitió-: Parecía un ejér-

cito. Ayer noche, cuando lo cortaban, me hizo pensar en un versículo de la Biblia: «En las cumbres elevadas se da muerte a la belleza. Los poderosos han caído».

Allá abajo, en los desnudos campos, unos faisanes avanzaban en fila india, con las cabezas bajas y las colas arrastrando por la tierra empapada. Las plumas de las aves, tan orgullosas antes, colgaban, perdida su ligereza, rozando los maíces tronchados, con cuyos granos se habían alimentado.

Los faisanes se perdieron de vista y el agua azotó el tejado con renovada furia; el viento hacía crujir la ventana.

—«Los poderosos han caído» -repitió su madre.

—Calla -suplicó Ray-. No -le daban ganas de llorar.

Su madre le miró.

—¡Ah!, lo siento. ¿Es demasiado triste, Raimie? - reaccionó y dijo en tono distinto, de mujer práctica-. Voy a lavar. Con un día como éste uno se alegra de estar en el sótano. Allí no se ve nada.

Se volvieron a mirar, una vez más, por la ventana, y vieron de nuevo la pequeña banda de faisanes que volvía, avanzando por un surco, todos decaídos.

—Pobres animales; vivían entre el maíz y ahora..., bueno, vámonos de aquí. Necesito un martillo y unos clavos para colocar las cuerdas.

Ray y su madre se alejaron de la ventana; ella creyó que el niño la seguía, pues bajó la escalera sin mirar atrás. Pero Ray no se movió. Permanecía inmóvil en la buhardilla. Pensaba en el pobre The Rim, que estaba en la colina, aguantando el viento y la lluvia. No había comido la víspera y hoy tampoco comería. Si llovía toda la semana, como la radio había pronosticado...

Debía de ser terrible, estar hambriento y mojado. Es lo que su padre había deseado al toro: «Ojalá te quedes enganchado en esa valla y te llueva encima durante dos semanas». Pero entonces se trataba de una bestia feroz. The Rim, en cambio, era un viejo caballo bondadoso. ¡Y estaba tan hambriento!

La figura de su madre apareció en el hueco de la escalera. El ruido de la lluvia había apagado sus pasos.

—¿Has decidido quedarte ahí? -preguntó-. Tu padre ha llamado. Por fin no viene a casa este mediodía. Ha terminado la conferencia de ventas, pero el coche no arrancaba. Lo tiene que dejar en el garaje. Si pueden arreglarlo hoy, tal vez salga directamente.

Ray miró a su madre. Había esperado, confusamente, que su padre volviese al mediodía; así le podría contar su preocupación y tal vez él pensara algo para ayudar a The Rim.

Madre comenzó a clavar un clavo.

—Tu padre esperará hasta ver qué hacen con el coche -dijo-. Si no pueden arreglarlo esta tarde, llamará, pues entonces vendrá a casa. Quiere que yo vaya a buscarle. Una vez que haya colocado los clavos, ayúdame a poner las cuerdas. No voy a hacer nada más. No es cosa de que empiece a lavar si he de ir a buscar a tu padre.

—Madre, ¿puedo bajar? No quiero estar más tiempo aquí, viendo llover -dijo Ray. Y salió corriendo.

Una vez abajo, anduvo errante de una habitación a otra. No podía parar. En el cuarto de estar se oía la radio grande; en la cocina la pequeña, y ambas daban el parte metereológico. Ray abrió la puerta de la cocina para mirar al exterior. Era tal la fuerza del viento que la manilla se le escapó y la puerta golpeó violentamente contra la pared de fuera. Al asomarse el chico para cerrarla, una lluvia helada le resbaló de la cabeza al cuello. Tuvo que coger un paño de la vajilla para secarse.

Corrió escaleras arriba, al desván. Su madre estaba junto a la ventana.

—Madre -preguntó ansiosamente-. Cuando llueve, ¿se mojan también los animales que están en el campo?

—Claro, Raimie, a no ser que se refugien en cuevas o madrigueras, o se metan en las casas, como los ratones que invaden nuestro sótano.

—No quiero decir los animales salvajes sino las vacas, o caballos, por ejemplo.

—Naturalmente. Si llueve también se mojan, ya lo sabes. Pero sus dueños no suelen dejarles a la intemperie cuando hace tan mal tiempo. Los meten en cobertizos o establos.

—Pero si no lo hacen... Si nadie va...

—Los caballos y las vacas tienen una piel muy gruesa y pelo. Eso les protege bastante.

Ray se tocó el húmedo pelo.

—Aunque los caballos tengan la piel muy gruesa y peluda, se enfrían con la lluvia. ¿No se pondrán enfermos? Cuando ayer me mojé hiciste que me acostara para que no me pusiea enfermo. Yo llevaba ropa. Esto es lo mismo, más o menos, que tener piel. Sin embargo, estaba helado por dentro.

—Sí -dijo madre-. Lo deben de pasar muy mal con este tiempo frío y lluvioso, encogidos y azotados por el viento. Pero, al fin y al cabo, no son personas. Si fuera lo mismo, los granjeros no dejarían fuera sus vacas y caballos en pleno invierno, incluso con nieve. De modo que no les perjudicará tanto como a las personas. De todos modos, la mayoría de los granjeros los recogen.

Se produjo calma en el viento y la lluvia. Durante un momento el silencio fue absoluto. Se oyó abajo el timbre del teléfono.

—Debe de ser tu padre.

Sin esperar a su madre, Ray corrió escaleras abajo, pero el teléfono no sonaba. Se volvió a oír la llamada. ¡Era la radio!

—Tanto correr para una falsa llamada -dijo madre, entrando en la habitación-. Como no he dormido, no tengo ganas de andar subiendo y bajando. Vale más que te quedes tú aquí, por si padre llama. Yo subo al desván para colocar las cuerdas.

Ray se acercó de nuevo a la ventana. No podía despegarse de allí. Creía que su madre se había ido, pero cuando fue hacia la otra ventana, la vio inmóvil, en la puerta mirándole.

—¿Por qué estás tan inquieto? ¿Es porque no puedes salir a jugar?

Ray asintió.

—¿Por qué no pones la televisión?

—Madre -dijo Ray de pronto—, ¿puedo jugar en el garaje?

—¿En el garaje? ¿Y qué vas a hacer allí?

—Yo..., yo..., podría construir un fuerte o algo así, con las cajas de papá -improvisó Ray a la deseperada.

—Eso no. Ya sabes que no puedes tocar las cajas de tu padre. Pon la televisión, si no se te ocurre nada mejor que hacer -dijo, y se quedó allí, esperando. Ray conectó la televisión y se hundió en una butaca. Entonces su madre se marchó.

El aparato se calentó y surgieron formas y sonidos. Debía ser divertido, porque todos reían. Los pensamientos de Ray eran sombríos. Odiaba a la gente. Le molestaba que riesen bajo un sol radiante. Se levantó de un salto y desenchufó el aparato. Se oyó de nuevo el sordo golpear de la lluvia contra los cristales. El teléfono permanecía mudo.

Ray salió de la habitación. Deseaba hablar con su madre acerca de The Rim, pero no se atrevía. Con este tiempo no podía hacer nada. Además, ¿qué pasaría si descubría que durante la última semana había estado montando a The Rim? Shirley dijo que su madre se moriría si se enteraba de que ella y Martín habían montado a caballo. De modo que cuando supiera que *él* también lo había hecho...

Le asaltó un terrible pensamiento. Si arreglaban el coche de su padre y éste salía de la ciudad sin volver a casa, no podía desahogarse con nadie. No podía hacer nada. Y si llovía toda la semana, si la lluvia se convertía en nieve...Tuvo una idea desesperada. Haría lo que había dicho a su madre. Ir al garaje, pero no a construir un fuerte con las cajas, sino a sacarlas de la parte que era establo. Las movería a rastras, si no las podía levantar. Así, The Rim podría estar a cubierto, tendría un establo. Ya podía la lluvia azotar el tejado y la ventana, el caballo estaría allí dentro, seco y caliente.

Había sido una idea magnífica. Si papá volvía a casa encontraría el establo preparado. Le contaría lo que ocurría; él saldría a buscar al caballo y lo traería allí. Deseaba tan vivamente ayudar a The Rim que había de poner inmediatamente manos a la obra. Pero a los pocos minutos se desinfló. Era inútil pedir permiso a su madre; no le dejaría. Corrió hacia la televisión y la puso a todo volúmen. Si pudiera hacerlo ahora, mientras su madre estaba atareada en el desván. Pensaba que si lo tenía todo preparado, entonces, necesariamente The Rim vendría al establo.

El impermeable de Ray estaba colgado en el rellano de la escalera del sótano. Debajo, en el suelo, estaban las botas. Se puso unas y otro nerviosamente; cruzó la cocina con pasos largos y silenciosos. Oía el martilleo de su madre. Ray abrió con cuidado la puerta de la cocina, pero el viento hizo que se le escapase. Se precipitó a sujetarla antes que golpease contra el muro; el tirón fue tan brusco que le hizo perder el equilibrio. Soltó la manilla y cayó de bruces en un charco de agua fangosa. Todo había sido tan rápido que Ray quedó aturdido. El agua le entraba por las bocas de los pantalones. Se puso a chillar, asustado, se levantó y entró en la cocina, tambaleándose, chorreando agua y barro. Su madre estaba allí y le miraba muy enfadada. Cerró la puerta de la cocina y preguntó:

—¿Qué me dijiste que ibas a hacer?

—Jugar en el garaje -contestó el chiquillo con un hilo de voz-. Construir un fuerte -empezó a llorar y se acercó a su madre.

—No. Quédate ahí, en la estera. Quítate el impermeable y las botas.

Intentó, con dedos torpes, desabrocharse el impermeable. Su madre no le ayudó. Tenía aspecto sofocado y su expresión era digustada y severa.

—No me gusta nada lo que has hecho. Lo has planeado deliberadamente. Pusiste la televisión muy alta para que yo creyese que estabas escuchando. Has bajado al sótano para buscar las botas y el impermeable, con la intención de ir al garaje, desobedeciéndome, para jugar con las cajas. Ahora, jovencito, desnúdate y sube a la cama, y te quedarás allí hasta que yo te permita salir. Y esta vez, el irte a la cama es sólo como castigo. Tal vez cuando suba a tu cuarto me dirás qué es lo que te preocupa y qué secreto me ocultas.

—Te lo diré ahora - dijo. Ya no tenía esperanza y deseaba confesar todo a su madre. Pero ella sacudió la cabeza.

—Ponte el pijama cuando subas.

No se acercó. Ray tuvo que subir desnudo y temblando de frío, tristeza y soledad.

El hombre en la colina

Ray se despertó sobresaltado. Su madre estaba en la puerta del dormitorio y le hablaba. ¡Se había dormido! Parpadeó e hizo un esfuerzo para despejarse y pensar.

Era asombroso que se hubiese dormido. Mamá le obligó a meterse en la cama a mediodía y tal vez porque allí, en pijama, no podía intentar hacer nada, le había vencido el sueño. Recordaba que había estado mirando el techo, pensando en The Rim y escuchando el monótono golpear del agua contra las persianas. Después debió de dormirse. ¡A mediodía!

—Bien -dijo la madre-. ¿Te has despertado por fin? Se conoce que no te remordía mucho la conciencia cuando te has podido dormir de este modo, después de tu comportamiento. ¿Sabes cuánto tiempo has estado dormido? He subido tres veces. Es ya media tarde. Ahora he tenido que despertarte porque ha llamado papá. Al fin no han podido arreglar el coche hoy. La avería era más importante de lo que había pensado. Ahora ha llamado para que le vaya a buscar.

Al oír esta buena noticia, Ray se despejó por completo y se llenó de alegría. Al fin venía su padre; le podría explicar su preocupación por The Rim y él le ayudaría a buscar una solución.

—Cuando recoja a papá en la ciudad -continuó su madre-, iré a buscar a Shirley y Martín a la escuela.

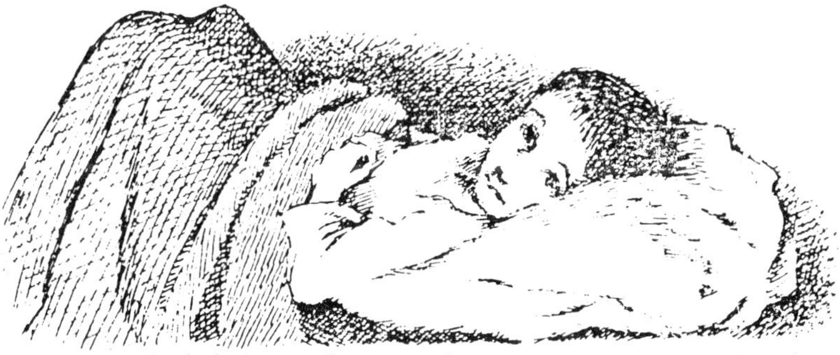

Ray empujó las mantas hacia atrás, mas su madre sacudió la cabeza.

—No, no vas a salir de la cama, donde estás bien caliente, después del frío que has cogido con la mojadura. Si tienes hambre te traeré algo para comer, pero te vas a quedar ahí. ¡Y no se te ocurra ir al garaje! Para estar segura, me llevo tus botas y el impermeable. Lo siento Ray, pero no puedo tener confianza en ti.

El chico volvió a echarse, mirando a su madre, desolado. Papá volvería, sí, pero al mismo tiempo que sus hermanos, de modo que no le podría contar lo del caballo. Pero si no le decía nada, llegaría la noche y ¿qué iba a hacer el pobre The Rim, allí solo, con el temporal de viento y lluvia?

—¿Quieres que te traiga algo de comer?

Ray asintió con la cabeza. Afortunadamente su madre salió sin preguntarle qué quería. Hubiera sido incapaz de decirlo. Su pensamiento estaba fijo en The Rim; se acercaba la noche, todo el mundo estaría en su casa y no podría hacer nada.

Su madre le trajo un *sandwich* y un vaso de leche en una bandeja que dejó junto a la cama.

—He de darme prisa si quiero llegar a tiempo a la escuela, después de recoger a tu padre. Tú quédate en la cama. En cuanto vuelva subiré y hablaremos seriamente.

En cuanto Ray oyó el ruido del coche que se alejaba, saltó de la cama y bajó a la cocina en pijama. Su madre había lavado la ropa manchada de barro y la había puesto en el respaldo de una silla, delante del fogón, para que se secase. Ray se puso el traje, aunque estaba húmedo todavía. ¡De todas maneras, se iba a volver a mojar! Y le castigarían; sería el castigo mayor que había sufrido en su vida, pero no tenía más remedio que hacerlo.

Antes, hacía unas horas, había improvisado una explicación cuando dijo a su madre que quería jugar con las cajas en el garaje, pero ahora tenía un plan formal. Pensaba sacar todas las cajas del establo y dejarlo preparado para The Rim. Después iría a buscar al caballo. Ya se las arreglaría para abrir la puerta del cercado. Pero tenía que hacer todo antes de que sus padres y hermanos volviesen a casa. Encontrarían a The Rim en el establo. Claro es que se descubriría todo el secreto, pero The Rim estaría en el garaje, a cubierto de la lluvia y el viento; porque no podía creer que nadie sacara al caballo del garaje y lo llevase de nuevo a la colina, bajo la lluvia y con tal viento.

El contacto de la ropa húmeda contra su cuerpo caliente, le produjo un escalofrío. Ni siquiera buscó zapatos, sino que bajó descalzo al sótano para buscar algo que le protegiera de la lluvia. Allí, dentro de una caja, encontró un viejo impermeable rosa de Shirley y unas botas que a ella se le habían quedado pequeñas. Con dificultad metió los pies en las botas, también de color rosa. Se echó sobre la cabeza la capucha del impermeable y salió. Nadie, excepto The Rim, le vería con el impermeable y las botas de su hermana.

Esta vez no intentó sujetar la puerta; temía perder el equilibrio y caer de nuevo en el charco. Salió a la intemperie; luego cerró la puerta empujándola con el hombro. La lluvia le azotaba y hasta le hacía daño, a pesar del impermeable, pero es que era muy delgado.

Una vez en el garaje, se quitó el impermeable y se puso a trabajar. Cuando empezó a empujar, remover y arrastar las cajas, se le fue disipando la sensación de miedo que le producía incluso dolor de estómago. Apenas prestaba atención al retumbar de la lluvia en el tejado del garaje, tan atareado estaba. Era asombroso lo pronto que iba vaciando el rincón. En una de las paredes, las cajas formaban una pila tan alta que tapaban incluso la ventana, pero ya estaba descubierta. Apartó las cajas tan sólo lo suficiente para que el caballo puediera pasar. Entonces contempló su obra: el establo estaba ya dispuesto para que The Rim se instalara en él.

Escuchó. Ya no llovía tan fuerte. Se puso el impermeable y se echó la capucha por la cabeza. Después abrió a todo lo ancho la puerta del garaje para que entrara The Rim.

Las rodadas que los tractores dejaron en el sendero se habían transformado en pequeños arroyos por los que el agua bajaba muy rápida. Ray vio su sombrero de paja, completamente aplastado, junto a la madriguera. Se conoce que las ruedas de los tractores habían pasado por encima de él. Ray caminaba agachado y, a pesar de eso, la lluvia le azotaba el rostro, que le dolía como si le golpearan con trocitos de hielo. Una de las botas pesaba, porque el agua penetraba por una grieta, y tenía el pie entumecido. En fin, todo el cuerpo, golpeado por el agua helada, le dolía. Pero la puerta del cercado estaba ya a la vista y eso le daba ánimos para continuar.

Un poco resguardado por la puerta, levantó la cabeza y miró, por entre los travesaños, hacia la colina. No vio a The Rim. Seguramente estaría al otro lado de la altura para protegerse un poco.

—¡The Rim! -llamó- ¡The Rim!

Sin esperar, trepó por los travesaños y soltó la cadena que sujetaba la puerta al poste. Una vez del otro lado, luchó para libertar la puerta del barro que se había acumulado en la parte baja y le impedía moverla. Se esforzó y forcejeó, casi llorando de cansancio, mas, a pesar de todos sus esfuerzos, no consiguió liberar el travesaño inferior del barro en que se había hundido; empujó con el hombro, pero la puerta no se movió y el hombro le quedó dolorido. Volvió a mirar hacia la colina, gritando: «¡The Rim!»

Como si le hubiera oído, el caballo apareció en la cumbre de la colina. No venía solo; a su lado caminaba un hombre envuelto en un largo abrigo negro de piel. A Ray se le cortó la respiración y gritó a través de la lluvia: «¡Abuelo!» Entonces cayó en la cuenta de que The Rim era el caballo del anciano. Y el abuelo había venido, desafiando el temporal, a sacar a su caballo del cercado. Volvió a gritar: «¡Abuelo, abuelo!»

El viejo miró al muchacho, lleno de asombro.

—¡Ah¡, si es Ray. ¿Qué haces aquí, con este tiempo infame?

Ray rió, pues justamente en el momento en que el viejo decía que el tiempo era infame, la lluvia cesó.

—Abuelo -Ray no salía de su asombro-, no sabía que era tu caballo. No tenía ni idea.

Se volvió y miró hacia abajo. Ahora que el maíz ya no tapaba nada vio, al pie de la colina, la hondonada cubierta de arbolado y la casita blanca. Incluso veía el cobertizo caído.

—No sabía que The Rim tenía dueño, no sabía que era tuyo, abuelo, y le daba maíz todos los días -sentía tal alivio que las palabras se le atropellaban.

—¿Hiciste eso? ¿Así que eras tú? Me extrañaba ver los restos de tallos con raíces tirados en el suelo, junto al cercado.

—No sabía que tú también le dabas de comer, abuelo -se excusó el muchacho.

—No le daba de comer; no podía porque he estado enfermo. No debía de estar aquí ahora, pero tampoco podía dejar al pobre animal abandonado con este tiempo. Iba a buscar a algún vecino que tuviera teléfono, para pedir que viniera un camión y se llevase al caballo -el abuelo se recostó en la puerta: parecía agotado-. No debía haber venido, pero no podía dejar que se llevasen mi caballo sin verle por última vez. Esta cuesta... y el viento...-sacudió la cabeza tristemente y se apoyó en la puerta con más fuerza. Su rostro estaba lívido. —¡Si la abuela se da cuenta de que he salido de la cama con este tiempo!

Ray levantó los ojos, llenos de asombro, hacia el viejo. Los dos habían hecho lo mismo: salir de la cama para ir a buscar a The Rim. !Era increíble! Prefería no pensar en lo que el viejo le dijera: que iba a telefonear para que se llevaran el caballo en un camión. Ya sabía que el pobre viejo se veía obligado a hacerlo porque su cobertizo estaba hundido y no tenía donde cobijar a The Rim.

—Abuelo, ayúdame a abrir la puerta.

El viejo estaba tosiendo. Apoyó la cabeza en el brazo y un terrible golpe de tos le sacudió.

—Es el asma -dijo cuando pudo hablar-. Y el haber subido esta cuesta. Ojalá estuviera en casa.

Parecía un chiquillo cansado.

—Abuelo -apremió Ray-, ayúdame a abrir la puerta, porque voy a llevar al caballo a mi casa. Tenemos un establo, pero yo solo no podía abrir la pueta.

El viejo levantó la cabeza y miró a Ray.

—¿Viniste a llevar al caballo a tu establo?

—Sí, abuelo. Tenemos un establo en el garaje y lo he preparado para The Rim.

—¿Lo saben tus padres?

—No -tuvo que admitir Ray.

El viejo sacudió la cabeza; luego miró fijamente al niño.

—¿Por qué no hemos de hacerlo? ¿Hacer exactamente lo que tú dices, pequeño? Sólo a un niño como tú se le hubiera ocurrido llevar al viejo caballo a su establo. Y, aunque sea sólo por esta noche, ¿por qué no? Yo no puedo llegar al teléfono más próximo. Me contento si puedo volver a mi casa. Sí, lo llevaremos esta noche. Di a tu padre cuando vuelva que venga a verme. Si no quiere tener al caballo, puede llamar al camión mañana.

El viejo tuvo otro fuerte golpe de tos. Cuando se le pasó, se limpió los ojos lagrimeantes y la boca y dijo, hablando con esfuerzo:

—Te abriré la puerta y después volveré a mi casa. Promete que dirás a tu padre que venga a verme en cuanto llegue.

El viejo también tuvo que esforzarse para levantar la puerta de modo que pudiera abrirse salvando el obstáculo del barro. Pero The Rim no esperó a que se abriese por completo. En cuanto vio un resquicio introdujo la cabeza y luego el pecho, con lo que abrió la puerta de par en par. El viejo gritó: «¡So!», y el caballo se detuvo.

—¿Sabes montar? -le preguntó al chico.

—Me puedo subir al caballo desde la puerta.

El viejo obligó al caballo a acercarse a la puerta. Ray se subió al último travesaño, se dejó caer sobre The Rim y se sujetó a su crin.

—Di a tu padre que estoy enfermo y apenas puedo volverme a

mi casa; por eso he cometido la locura de permitirte que lleves a mi viejo caballo a tu establo. Dile...

Le atacó otro golpe de tos. Levantó la mano y dio una palmada al caballo. En cuanto sintió el ligero golpe, The Rim emprendió el trote.

—¡Adiós, abuelo! Se lo diré a mi padre en cuanto llegue.

El viejo levantó el brazo y The Rim comenzó a bajar por el sendero. Andaba con mucho cuidado, fijándose en dónde pisaba, en la tierra fangosa y llena de surcos. No miró hacia atrás.

La lluvia arreció de nuevo y Ray tuvo que echarse sobre el cuello del caballo y agarrarse a la crin para no caer. El tampoco pudo mirar hacia atrás, donde había quedado el viejo. El cielo estaba negro y el aguacero, desatado, caía sobre el chico y el caballo.

En la oscuridad que todo lo envolvía se perfiló una masa más oscura aún, que avanzaba hacia ellos desde el extremo opuesto del sendero. Sea por lo que fuere, The Rim intentó galopar, pero tropezó y se resbaló en el suelo encharcado; resopló, recuperó el equilibrio y continuó andando. Ray escrutó la oscuridad. Allá abajo se veían unas luces. Eran lo faros del coche de su padre. Las luces se apagaron luego, porque habían visto a Ray y al caballo. Al acercarse el coche, Ray vio dos caras pálidas cuyos ojos intentaban ver a través de la oscuridad. Paró el coche, la puerta se abrió y bajó su madre, que corrió hacia él; resbaló en el sendero enfangado y Ray vio, con horror, que caía de bruces en el barro. Pero se levantó inmediatamente, chorreando, y siguió corriendo hacia ellos. Al llegar cerca del caballo dejó de correr; caminaba muy despacio y habló a The Rim en voz muy suave.

—Buen caballo. Eres un caballo cuidadoso. Tranquilo ahora, tranquilo, todo va bien. No te asustes de mí.

The Rim continuó avanzando sin el menor nerviosismo. Cuando pasó junto a su madre, ella dio un salto y le cogió por la crin.

—¡Quieto! -dijo suavemente al caballo-. Debes tener sentido común. Eres el único que lo tiene. Despacio, Ray - continuó en otro tono-. No te asustes, y si crees que vas a caerte agárrate a mi hombro.

Ray no pudo contestarle. Estaba mudo, temiendo que su madre hiciera volver a The Rim a la colina. Pero no lo hizo; caminó junto al caballo sin el menor miedo. No le asustaba aquel animal tan grande. En cambio tenía miedo de los ratones. Estaba preocupada por Ray, pues ignoraba que sabía montar, que había estado paseándose a lomos del caballo durante toda una semana.

—Madre -comenzó a decir, pero, en ese momento, el coche, que había retrocedido marcha atrás por el sendero, entró en la carretera y avanzó en dirección a ellos. Ray se sintió de nuevo atenazado por el temor de que su madre llevase a The Rim a la colina.

—Madre -gritó-, The Rim pertenece al abuelo; yo no lo sabía. El abuelo había ido, con este tiempo horrible, a buscarle a la colina, pero no tenía donde meterlo, pues su cobertizo está deshecho. Yo tenía que preparar el establo, pues conocía a The Rim y le daba de comer todos los días. Y sabía que el pobre caballo estaba en la colina, con este tiempo espantoso, sin comida. Dije al abuelo que teníamos un establo. Él me dijo que fuese a verle papá. Y ahora, madre, el establo está preparado y, aunque llueva, The Rim no se mojará. Y el abuelo está enfermo...

—¡Oh Raimie!, ¿por qué no me lo dijiste? ¿Por qué has guardado todo en secreto? Si me lo hubieras contado, yo hubiera comprendido que tenías que hacer algo y habría ido contigo.

—No lo sabía, madre -contestó, sencillamente, Ray.

Ya estaban en la carretera, pero su madre no obligó al caballo a dar la vuelta para que retrocediera sendero arriba. Por el contrario, lo condujo, atravesando el césped, hacia el garaje. Allí, delante de la puerta abierta, estaban su padre, Martín y Shirley. Madre guió a The Rim hasta la puerta; entonces se empinó, cogió a Ray por debajo de los brazos, y dejó que el caballo siguiera solo. The Rim atravesó la puerta y entró en el garaje. Era tan grande que casi rozaba el dintel. Ahora que no estaba en el campo, sino en un lugar cerrado, parecía enorme. Y la hazaña de Ray tomaba también proporciones gigantescas. Su padre y hermanos se hicieron a un lado y el caballo pasó junto a ellos; resopló, sacudió la cabeza y se dirigió, en línea recta, hacia el establo vacío, como si fuera suyo, como si supiera que le estaba esperando.

Una vez allí, volvió la cabeza y les miró a todos. Nadie pronunció palabra, pero madre, que estaba detrás de Ray, le puso las manos sobre los hombros. Continuaron callados un rato y, al fin, padre dijo:

—¿Sabes lo que dice el caballo? Dice: «Vamos, no estéis ahí parados. Traedme algo de comer y paja para el establo. Me gustaría echarme a descansar un rato después de haber estado día y noche aguantando la lluvia y el viento. ¿Que hacéis? ¡Moveos!»

Ray empezó a tiritar; le temblaban los hombros bajo las manos de su madre. Rió, pero era una risa aguda, como la de un niño muy pequeño. Su padre no estaba enfadado y no llevaría a The Rim al pasto solitario y azotado por la tempestad. Había dicho que le trajesen comida y paja. No estaba enfadado, no. ¡Y él que creía que le iban a castigar más que nunca! Si no cesaba de reír empezaría a llorar, lo sabía. Shirley y Martín miraban asombrados, tan pronto a él como al caballo.

Echó a correr, escapando de las manos de su madre, que le sujetaban.

Se dirigió a casa; no podía llorar delante de sus hermanos. Pero se volvió antes de salir.

—Padre -gritó-. El abuelo está enfermò. Me dijo que fueses a verle para hablar del caballo.

—No te preocupes, hijo, lo haré. Ahora sube, quítate esa ropa y toma un baño caliente. Y tú, madre, también. Estáis los dos hechos una lástima. Tenéis que secaros y calentaros; y toma algo, pues tu madre dice que no has comido en todo el día. Mientras tanto, cogeré el coche e iré a ver al abuelo. Qué te parece, Ray, si el abuelo nos lo permite, ¿no es mejor que el caballo se quede

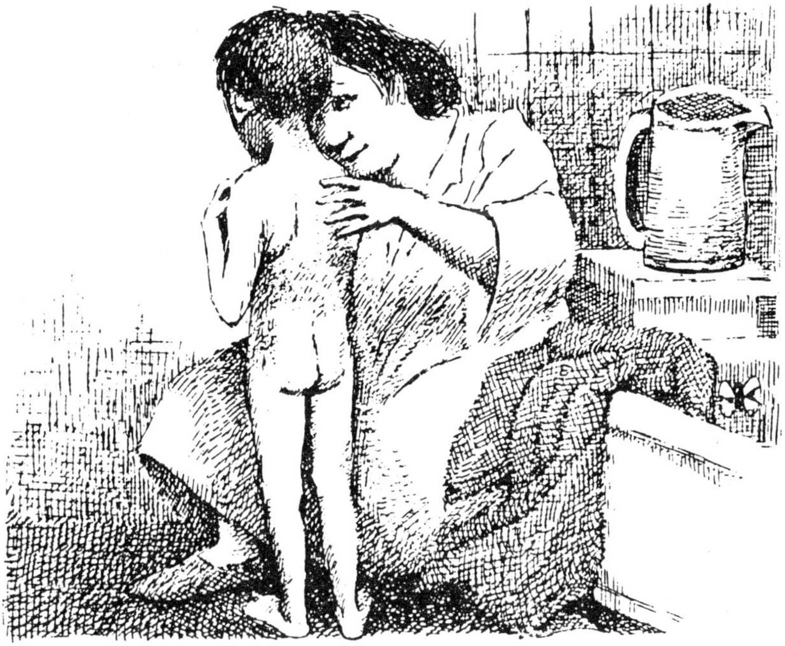

aquí que levantar el cobertizo? ¿Cómo se va a arreglar el cobertizo con este tiempo tan malo?

Ray se emocionó y echó a correr. Tenía que llorar, pero no quería que Martín y Shirley le vieran. Su madre le siguió.

Una vez en casa no tuvo tiempo de llorar, pues comenzó a hablar y a hablar. Se lo contó todo a su madre. No cesó de hablar mientras ella le desnudó y le bañó. Le explicó todo desde el principio: que el juego de ir al colegio no había resultado, que encontró a The Rim. Y el caballo era tan inteligente que todo lo comprendía y por eso le había contado tantas cosas. No creía que podía hablar con ella del caballo, ya que se asustaba de los ratones y de los bichos que había entre la hierba.

Su madre le escuchaba sin hablar; le frotaba con una toalla

grande y, al cabo de un rato, le ardía la piel y también en su interior sentía algo cálido. Le dijo a su madre que se había sentido orgulloso de ella al ver que no temía a un animal tan grande como era The Rim.

Ella sonrió.

—Es que tú no sabes que cuando yo era pequeña tenía un caballo, un pony, en realidad. Lo montaba, lo cuidaba y le quería mucho. Y cuando uno quiere a alguien no le tiene miedo. Se ocupa uno de cuidarle, como has de hacer tú con The Rim. Luego hablaremos. Ahora me toca a mí darme un baño caliente. Estás tan limpio y sonrosado que me das envidia. Anda: me toca a mí.

Ray salió del cuarto de baño, desnudo y contento. Desde fuera se volvió y suplicó.

—No me tengo que meter en la cama, ¿verdad? ¿Puedo esperar a que papá vuelva de ver al abuelo? Después me iré a la cama y no me importa quedarme mucho rato allí.

Oyó la risa de su madre, dominando el ruido del agua.

—Eres un pillo. Bueno. Ponte el pijama, la bata y las zapatillas. Anda, vístete corriendo antes de volverte a enfriar. Pareces un mendigo a mi puerta.

Ray marchó riendo a ponerse el pijama, la bata y las zapatillas. No podía estarse quieto. Se acercó a la ventana de la habitación. La lluvia había cesado. La puerta del garaje estaba cerrada, de modo que, aunque The Rim estaba dentro, no oía nada. Tampoco se oían las voces de sus hermanos. Se conoce que habían ido con papá a ver a los viejos.

Para ver algo subió al desván. Iba saltando y danzando; quería verlo todo. La lluvia había cesado y el día estaba claro. Mientras contemplaba el horizonte desde la ventana, salió el sol por detrás de una sombría masa de nubes cuyos bordes se iluminaron. Los últimos rayos del sol poniente hicieron brillar por unos momentos el campo, por encima de la fría y húmeda neblina que lo cubría.

Allá lejos, luminosa a través de la niebla, vio la colina donde solía estar The Rim. Bajo esta luz irreal la colina parecía danzar. Entonces pensó que la colina danzaba y cantaba de alegría porque el pobre caballo, tan viejo, ya no estaba en su inhóspita cumbre.

Muy excitado con esta idea, comenzó a saltar por el desván. Danzaba y cantaba con palabras que le surgían espontáneas:

Octubre, septiembre,
La Niña, la Pinta y la Santa María.
Septiembre, octubre,
el abuelo y la abuela,
y la casita blanca al pie de la colina.

Puede llover, pero la lluvia no mojará a The Rim
nunca más, nunca más, nunca jamás.

No había oído subir a su madre. Creía que estaba todavía en el baño, cuando la vio en el umbral.

—¿Qué cantabas, Raimie? Cántalo otra vez.

Pero como no era una canción conocida, sino que había nacido espontánea, aunque Ray intentó recordarla, no le venían las palabras a la memoria.

Como la madre esperaba, le dijo sencillamente:

—Yo estoy aquí, el abuelo y la abuela están allí y The Rim en nuestro establo. Y por mucho que llueva, la lluvia no mojará a The Rim nunca más...

En el patio se oyó el ruido de un motor. Ray y su madre corrieron a la ventana. Martín había abierto la puerta del garaje y padre estaba metiendo el coche, que iba cargado con una paca de heno y otra de paja. Del asiento de atrás, su padre y Martín sacaban un gran saco ¡Un saco lleno de avena para The Rim!

Sirley miró hacia arriba y vio a Ray y a su madre en la ventana.

—¡Ray, Raimie -gritó-, el caballo es tuyo! ¡El abuelo dijo que, si lo quieres, el caballo es para ti!

—¡Qué suerte tienes, chico! -gritó Martín con envidia!-. Lo tendremos en nuestro establo en invierno y en el pasto del abuelo en verano. ¡Vaya suerte que tienes!

—¿Has visto lo que traemos para tu caballo, muchacho? -su padre sonreía-. Suficiente paja y heno como para cubrirlo, y un gran saco de avena. Haremos un pesebre y lo llenaremos de heno, pero ahora vamos a darle una buena ración de avena. ¿Sabes lo que me han dicho los viejos? Que ahora que conoces el camino, vayas a visitarlos cuando haga buen tiempo y les des noticias de The Rim.

—¿Cómo se te ocurrió llamarle The Rim? -preguntó Martín.

Madre, dulcemente, apartó a su hijo pequeño de la ventana.

—Tal vez te apetezca ir a tu cuarto, estar allí tranquilo y llorar un poquito -dijo en voz baja.

Ray se detuvo ante su madre antes de bajar las escaleras. Levantó los ojos hacia ella y dijo, como si hasta ahora no se hubiera dado bien cuenta de lo que sucedía:

—The Rim es mío, está en nuestro garaje y la lluvia ya no le mojará más..., pero, madre - apremió-, he de verlo. Quiero ver todo lo que están haciendo para él.

Su madre asintió.

—Nos vamos a arropar bien y bajaremos a ver cómo cuidan a The Rim. Y, quién sabe, tal vez si conseguimos engordarle un poco, buscaremos una silla de montar y riendas y te enseñaré a montarlo como es debido. Si prometes no ocultarme nada.

Ray se quedó mudo. Parecía que sus pies habían echado raíces. Reaccionó y se echó en brazos de su madre. La besó y la abrazó.

Madre dijo suavemente:

—Se me ha ocurrido una idea. Vamos a hacer algo por The Rim también. En un rincón del sótano hay cepillos duros y un montón de trapos. Mientras los demás se ocupan del pesebre, la paja y el heno, tú y yo vamos a cepillar y frotar a The Rim para que se quede limpio y caliente; lo mismo que hice contigo secándote con la toalla.

Ray miró a su madre sin encontrar palabras para expresarse. Dio media vuelta y corrió escaleras abajo para buscar los cepillos y el montón de trapos.

ÍNDICE